商业银行影子银行业务及其风险研究

Research on The shadow Banking Business of Commercial Banks and Its Risk Management

吴连 ◎ 著

南昌工程学院经济贸易学院学术文库

经济管理出版社
ECONOMY & MANAGEMENT PUBLISHING HOUSE

图书在版编目（CIP）数据

商业银行影子银行业务及其风险研究/张春莲著 .—北京：经济管理出版社，2023.9
ISBN 978-7-5096-9243-1

Ⅰ.①商… Ⅱ.①张… Ⅲ.①商业银行—风险管理—研究—中国 Ⅳ.①F832.332

中国国家版本馆 CIP 数据核字（2023）第 178327 号

组稿编辑：曹　靖
责任编辑：郭　飞
责任印制：许　艳
责任校对：陈　颖

出版发行：经济管理出版社
　　　　　（北京市海淀区北蜂窝 8 号中雅大厦 A 座 11 层　100038）
网　　址：www.E-mp.com.cn
电　　话：（010）51915602
印　　刷：唐山昊达印刷有限公司
经　　销：新华书店
开　　本：720mm×1000mm/16
印　　张：13
字　　数：206 千字
版　　次：2023 年 9 月第 1 版　2023 年 9 月第 1 次印刷
书　　号：ISBN 978-7-5096-9243-1
定　　价：88.00 元

·版权所有　翻印必究·
凡购本社图书，如有印装错误，由本社发行部负责调换。
联系地址：北京市海淀区北蜂窝 8 号中雅大厦 11 层
电　　话：（010）68022974　邮编：100038

相关资助来源及课题项目名称

    本书的出版受到了南昌工程学院高层次人才引进科研启动经费的资助，同时也受到了江西省哲学社会科学重点研究基地——水经济与管理研究中心的资助。此外，还受到了江西省社科规划青年项目（绿色金融赋能鄱阳湖流域落实"四水四定"：内在机制及实施路径；项目编号：23YJ35）、江西省自然科学基金青年项目（生命周期演进视角下江西省科技型小微企业的众筹融资模式探究；项目编号：20171BAA218015）、江西省社会科学研究规划重大招标项目（防范金融风险着力推进我省绿色金融服务体系研究；项目编号：18ZD05）以及江西省社会科学研究规划"十三五"重点项目（江西如何发展现代金融；项目编号：18WT17）等项目的资助，在此一并感谢！

前　言

由 2007 年美国次贷危机所引发的全球金融危机爆发后，影子银行成为监管层、学术界以及金融业界的热点话题。20 世纪七八十年代，金融自由化及金融创新的发展带来了影子银行规模的急剧膨胀，在整个金融体系中占有重要地位。影子银行的发展通过增加金融体系的层次性促进了融资效率的提升，但也带来了风险的迅速积累，影响了金融体系的稳定。随着银行表外业务的快速增长及非银行金融机构的不断壮大，中国金融业进入了规模快速发展与结构深入调整的阶段，影子银行成为中国金融体系的重要组成部分。但中国的影子银行具有自身的独特性，其最突出的特点是以"商业银行为核心"。基于这一背景，本书从商业银行这一微观主体的研究视角切入，分析影子银行业务及其风险，具有较为重大的现实意义和理论意义。

本书对影子银行相关文献进行了梳理，对影子银行业务等相关概念进行了界定，阐述了相关的理论基础，分析了我国影子银行业务的发展历程，归纳总结了中国影子银行业务的特点，并对其发展模式、规模测度等进行了分析。进而以我国 A 股 36 家上市银行为研究对象，使用其 2010~2019 年的年度面板数据，对影子银行业务的风险及其治理进行了实证研究，并提出了相应的政策建议。本书的研究为完善影子银行业务的监管体制与监管制度提供了理论依据，量化了影子银行业务对银行违约风险及系统性金融风险的影响，有效地将金融科技与影子银行业务风险治理结合起来，进一步丰富了影子银行业务理论。本书的主要内容和研究结论如下：

第一，本书的影子银行业务特指商业银行所从事的影子银行业务。金融稳定理事会指明影子银行是金融创新与规避监管共同作用的产物，在不受传统银行监管框架限制的同时，又具有传统银行所具备的信用转换、期限转换及流动性转换等功能。金融结构、金融市场发展及金融监管环境的国别差异，导致了影子银行业务的形式差异。就中国而言，其影子银行业务最大的特征就是以商业银行为核心，因此，本书选择从商业银行这一微观视角来界定影子银行业务。商业银行影子银行业务是以其他金融机构为通道，商业银行将信贷资产伪装为表内其他资产或转移至表外，向具有融资约束的企业提供的"类贷款"业务。从本质上来讲，商业银行影子银行业务是基于监管套利而进行的资本运作，是"类信贷"业务。监管政策的变化带来了商业银行影子银行业务形式的变化。在现有监管政策下，影子银行业务主要表现为买入返售类金融资产业务及应收款项类投资业务。因此，本书通过计算这两类业务规模在银行总资产中的占比，来度量商业银行影子银行的业务规模。

第二，商业银行影子银行业务对银行违约风险具有显著影响。实证研究表明：一是商业银行在开展影子银行业务的同时，显著扩大了个体层面的银行违约风险。二是与中小型银行相比，大型商业银行开展影子银行业务对银行违约风险的扩大效应更显著。三是与宽松型货币政策相比，在紧缩型货币政策背景下，商业银行影子银行业务对银行违约风险的扩大效应更显著。进一步研究发现，商业银行从事影子银行业务对银行违约风险的强化效应，主要通过杠杆率机制和净息差机制来实现。

第三，商业银行影子银行业务对系统性金融风险具有显著影响。本书以我国 A 股 36 家上市银行为研究样本，采用 CoVaR 值测度了我国上市银行的系统性金融风险值。对于影子银行业务对系统性金融风险的影响，从理论模型推导和实证计量模型回归两个层面进行了研究，其结果均表明，商业银行从事的影子银行业务会带来系统性金融风险，随着影子银行业务规模的扩大，其带来的系统性金融风险也会增加。实证计量模型经过回归检验，进一步的研究发现，影子银行业务在金融体系内的风险扩散效应在大型商业银行群体内尤其显著。

第四，金融科技发展能有效抑制商业银行影子银行业务规模，进而有效削弱影子银行业务所引发的银行违约风险和系统性金融风险。商业银行对前沿数字技术手段的应用有助于获取更多借款人信息，有效控制金融风险的发生，催生出新的金融服务模式，给传统金融市场、业务模式和金融机构等带来显著影响。本书研究结果显示：一是金融科技的发展能有效抑制商业银行影子银行业务规模，进而削弱其所引发的银行违约风险和系统性金融风险。二是与中小型银行相比，金融科技发展更有效地抑制了大型商业银行的影子银行业务规模，进而削弱其所引发的银行违约风险及系统性金融风险。进一步的研究发现，金融科技发展对影子银行业务的抑制效应主要通过风险控制机制和信息甄别机制来实现。

第五，针对商业银行影子银行业务的规范发展及风险控制，本书从不同层面提出了相应对策。具体来说，从国家宏观层面来看，一是要统一口径，规范影子银行业务发展；二是要加速利率市场化进程，合理引导影子银行业务发展；三是要完善影子银行法律体系，规范影子银行业务；四是要依托金融科技发展，使金融更好地服务于实体经济。从金融监管层面来看，一是商业银行影子银行业务是金融体系的一部分，必须调整金融监管模式，从分业监管向综合监管过渡；二是提高监管指标的灵活性，实行分阶段、分类监管；三是建立相互融通的监管体系，强化监管部门之间的协作；四是积极利用好金融科技，助推有效金融监管。从商业银行自身层面来看，一是要厘清影子银行业务边界，采取不同的影子银行业务管理模式，防止风险交叉感染；二是要提高银行自身的风险防控能力，开辟新的业务模式；三是要提高银行报表的透明度，为检测影子银行业务风险提供便利；四是要加强对金融科技先进技术的使用，有效抑制影子银行业务的发展，降低其所引发的系统性金融风险和银行违约风险等。

本书的研究内容具有一定的创新性，具体表现在：一是研究对象新颖。从商业银行这一微观主体入手，探讨其所开展的影子银行业务及其风险，实现了影子银行与商业银行两个范畴的结合。在已有相关文献中，较多地将影子银行视为中介机构或是金融体系的组成部分之一，较少立足于商业银行这一层面来进行分析。二是研究内容较为全面。将银行违约风险与系统性金融风险相结合，探讨影子银行业务的风险，并从抑制影子银行业务规模这一层面来有效防控其风险。以往研究侧重于分析影子银行业务的某一层面的风险扩散效应，而本书既分析了影子银行业务在银行自身层面的风险，也分析了影子银行业务在金融体系层面的风险。两种不同层面的风险表现出了不同的异质性，其传导机制也有所不同，相应地，应从不同角度来有效控制两大层面的风险，规范商业银行影子银行的业务发展。三是研究的时效性较强。将商业银行影子银行业务与金融科技的发展相结合，探讨金融科技的发展如何有效抑制影子银行业务的发展，进而降低其风险。金融科技的发展有助于抑制商业银行影子银行的业务规模，从而抑制其风险的扩散。在数字经济时代，金融科技的发展给金融体系带来了较大的影响，本书选择商业银行层面的影子银行业务作为研究对象，重点分析了金融科技对其风险的有效治理，由此将金融科技与影子银行业务有效衔接起来，为有效控制影子银行业务的风险提供了新的视角。

目 录

第1章 绪论 ········· 1

    1.1 研究背景 ········· 1

    1.2 研究意义 ········· 4

    1.3 相关文献综述 ········· 6

    1.4 研究思路与研究方法 ········· 18

    1.5 创新点及不足 ········· 20

    1.6 本书的结构安排 ········· 22

第2章 相关理论基础 ········· 23

    2.1 相关概念界定 ········· 23

    2.2 研究的理论基础 ········· 27

    2.3 影子银行业务的风险传导理论 ········· 32

第3章 商业银行影子银行业务的兴起、特点与发展模式 ········· 39

    3.1 商业银行的业务创新及中国影子银行业务的发展 ········· 39

    3.2 中国影子银行业务的特点 ········· 51

    3.3 商业银行影子银行业务的发展模式与规模测度 ········· 55

第4章 商业银行影子银行业务与银行违约风险 ········· 62
4.1 理论分析与研究假设 ········· 64
4.2 样本、变量和数据 ········· 68
4.3 实证结果 ········· 71
4.4 稳健性分析 ········· 79
4.5 作用机制分析 ········· 84
4.6 本章小结 ········· 89

第5章 商业银行影子银行业务与系统性金融风险 ········· 91
5.1 理论建模 ········· 94
5.2 系统性金融风险的估算 ········· 103
5.3 样本、变量和数据 ········· 107
5.4 实证结果 ········· 110
5.5 稳健性检验 ········· 117
5.6 本章小结 ········· 121

第6章 金融科技对影子银行业务的抑制效应 ········· 122
6.1 理论分析与研究假设 ········· 124
6.2 样本、变量和数据 ········· 127
6.3 实证结果 ········· 130
6.4 稳健性检验 ········· 137
6.5 作用机制分析 ········· 144
6.6 本章小结 ········· 150

第7章 影子银行业务的风险防控与规范发展 ········· 152
7.1 国家宏观层面 ········· 154
7.2 金融监管层面 ········· 158

7.3 商业银行层面 ·· 165

第8章 研究结论与展望 ·· 171

参考文献 ·· 175

后　记 ·· 192

第1章 绪论

1.1 研究背景

2007年的次贷危机在对美国金融体系造成打击的同时,也给美国和全球的实体经济带来了巨大的冲击。由此引发了许多相关的学术争论和研究,各国学者开始关注影子银行,尤其是关注其迅速发展背后隐藏的巨大风险。各界普遍认为,次贷危机的根源在于其漫长的无限制的信贷扩张历史,其主要工具就是影子银行产品。美国银行体系的脆弱性在影子银行的快速增长下被进一步强化,最终引致危机与衰退(Ferrante,2018)。

自2008年以来,金融创新带来了金融业务范围的不断拓展,催生了影子银行业务的迅速发展,中国影子银行业务的发展尤为迅速。中国影子银行业务以委托贷款、信托贷款及未贴现银行承兑汇票等为主要表现形式,其融资总规模在2008年第一季度只有3.3万亿元,而2017年第四季度已增长至27万亿元(Chen等,2018),若按照广义测算标准来度量影子银行业务规模,其数值至少是上述结果的两倍以上(李文喆,2019)。从广义层面来看,中国影子银行规模在2019年底达到了84.80万亿元,占2019年国内生产总值的86%,相当于同期银行业总资产的29%。

时任美联储主席的伯南克（Ben Bernanke）在2010年10月提交了一份总结报告，针对金融危机进行了调研分析，指出影子银行属于金融机构范畴，是连接储蓄与投资的信用中介，但又游离于银行监管范围之外；像证券化工具及资产支持票据等金融产品，以及货币市场基金、抵押公司、投资银行等金融机构，都呈现出了影子银行的特征。由此，伯南克认为，很多影子银行业务本身存在的历史较长，之所以会引发金融危机，主要还是因为影子银行业务中的部分业务出现了过度创新及扩张。

作为原英国金融服务局主席的特纳勋爵，也持有类似观点。他提出，影子银行的本质是资金中介，其发展符合金融体系的发展规律。作为最传统的中介模式，银行贷款经历了诸多创新，其业务模式和产品类型均表现出了惊人的发展速度。2008年，银行按揭资产有35%留在表内（1980年的这一比例为80%），其余部分转移至了表外，大多采取证券化方式，由此构成了影子银行资金的重要来源。金融稳定理事会在2011年提出，作为"常规银行体系以外的信用中介机构和信用中介活动"，影子银行发展迅速，全球影子银行规模经初步估算，从2002年的27万亿美元扩张到了2007年的60万亿美元。

由上述分析可知，尽管学术界尚未对影子银行的具体定义达成一致，但都认为影子银行具备如下基本属性：作为金融创新的产物，影子银行发挥了信用中介的功能，从本质上来看隶属于金融机构，其具体表现形式为金融监管边界以外的非银行类金融机构，同时又高度依赖具有复杂结构的创新型金融工具。美国经济学家保罗·麦卡利（Paul McCulley）于2007年首次提出影子银行这一概念。他认为影子银行的实际功能与传统商业银行相似，承担了大量的信用中介活动，但又游离于常规金融体系以外，在美国发挥了巨大的作用。影子银行本身是常规银行体系的补充，由于缺乏必要的监管而"在阴影之下运行"（Operate in Shadow），由此成为金融体系中潜在的系统性风险。

金融自由化在20世纪七八十年代的全面推进带来了金融创新的蓬勃发展，随之而来的是非银行金融体系的繁荣发展。影子银行在整个金融体系中的地位日益突出，其规模急剧膨胀。在增加金融体系层次性进而促进融资效率提升的同时，必要监管的缺失带来了风险的迅速积累，金融体系的稳定性受到了较大影响，由此引发了监管当局及学术界的密切关注。此时的影子银行业务呈现出以下三大特点：一是融资规模巨大。从20世纪90年代开始，美国及欧洲等发达经济体影子银行体系的融资规模已远超传统银行体系，中国的影子银行融资规模也在快速增长，尤其表现为信托贷款和委托贷款的快速增长。二是杠杆率较高。游离于银行监管体系之外，影子银行体系内部资金周转非常快，参与的金融机构数量较多，金融工具创新程度较高，高杠杆率导致了较大的风险。三是形式多变带来的监管难度较大。影子银行体系内部的金融创新带来了日益复杂的交易模式和金融产品，加之不透明的表外交易等因素掺杂，加大了监管机构对影子银行的监管难度。影子银行的风险日益凸显，成为了学术界的关注热点。

近年来，诸多非银行信贷融资方式快速增长，导致中国的金融体系结构发生了较大变化，突出表现为影子银行体系日益凸显，而传统银行信贷占社会融资规模的比重则显著下降。作为传统信贷的替代，中国影子银行体系对实体经济增长发挥了较大作用，但也带来了较大的金融风险。作为特定经济金融环境下的产物，中国影子银行体系在表现形式、经济影响、运行模式等方面均呈现出与欧美国家不同的特点，主要表现在以下五个方面：第一，中国影子银行业务以商业银行为核心，表现为"银行的影子"。欧美国家影子银行业务通道较少借助于传统商业银行，主要依靠非银行金融机构，而中国影子银行主要作为商业银行的通道存在，其资金来源于商业银行，流向面临严重融资约束的主体，充当了信贷中介，依赖于传统商业银行。第二，中国影子银行业务以监管套利为主要目的，利用监管漏洞游离于监管边缘，在"灰色地带"大肆从事监管套利活动，存在大量"无证驾驶"等不合规行为，形成了"全民办金融"的小环境。第三，中国影子银行体系存在刚性兑付或具有刚性兑付预期，影子银行体系中的金融产品大多承诺保本或保最低收益，甚至还与投资人签订"抽屉协议"，承诺刚性兑付，而投资者对影子银行体系也有类似认知，认为有政府为该影子银行体系提供担保。第四，中国影子银行业务的盈利模式主要以收取通道费为主，与发达经济体的交易型模式（借助回购、卖空、做市等工具赚取利差收益）不同，中国影子银行产品一般都会被投资者持有到期，流动性低。第五，中国影子银行业务主要集中在类贷款业务上，与发达经济体影子银行业务以标准化资产为主不同，作为传统信贷的替代，其客户评级标准显著低于贷款客户，信用风险较为突出。

由此可见，我国影子银行业务通过一系列金融创新手段，重现了传统商业银行的信用中介功能，但是拉长了信用中介的链条，有效缓解了社会投融资需求间的不匹配，虽较好地促进了经济增长，但其对短期批发融资的严重依赖以及游离于传统监管体系之外的特性，形成了其固有的脆弱性，易引发金融风险。由于中国的影子银行业务是以商业银行为核心的，故本书从商业银行这一微观主体视角来分析影子银行业务及其风险，具有较为重要的现实意义和理论意义。

1.2 研究意义

中国影子银行体系在业务模式上与欧美存在本质上的差异，因此需要有自己的研究体系才能实现促进金融发展与维护金融稳定的双重目标。中国影子银行业务是以商业银行为核心主体的一种监管套利行为，以其他金融机构为通道，实现对实体经济的金融支持，但也隐藏着较大的金融风险。因此，本书深入分析商业银行影子银行业务的发展历程和发展模式，对其业务规模进行测度，在此基础上通过实证研究检验其对银行违约风险及系统性金融风险的影响，进一步实证分析金融科技如何有效防范影子银行业务的风险，进而提出有效治理中国影子银行业务风险、规范中国影子银行业务发展的政策建议。由此可见，本书的研究有利于监管层对影子银行业务从不同层面进行监管，完善中国影子银行监管体制与监管制度，规范商业银行的影子银行业务发展，进而有效降低银行违约风险，并有效防范系统性金融风险。具体来说，本书的研究意义主要体现在以下几个方面：

首先,现有研究对影子银行的相关研究很多,但主要从宏观层面来研究整个影子银行体系。本书则基于商业银行这一核心主体的视角,针对商业银行所开展的影子银行业务详细考察了其对银行违约风险和系统性金融风险的影响,在此基础上引入金融科技,分析金融科技对商业银行影子银行业务风险的治理,从而对影子银行在不同层面的监管更加有的放矢。本书的研究不仅丰富了影子银行理论,也拓展了商业银行管理理论,将影子银行与商业银行有效地结合起来,具有较为重要的理论意义。

其次,本书影子银行业务规模的核算、银行违约风险的衡量、系统性金融风险 Covar 值的计算以及金融科技指标的计算等,对现有的实证研究进行了一定的补充。另外,影子银行业务规模与银行违约风险、系统性金融风险以及金融科技等的实证研究,在一定程度上丰富了相关的实证研究。

再次,本书有关影子银行业务的风险研究,对于有效防范银行违约风险及系统性金融风险等均有较大的参考价值,为有效实现银行自身和金融体系的稳定提供了理论依据,为现实中的金融监管体制改革提供了理论支持,有助于形成具有中国特色的、有效的金融监管体系。

最后,本书的研究有助于进一步梳理影子银行理论体系,为商业银行规范发展影子银行业务、立足于服务实体经济、增加资金可得性以及降低融资成本等提供了理论支持。鉴于商业银行在我国经济体系中的特殊地位,国民经济的健康发展在很大程度上取决于商业银行的良性发展。近年来,以影子银行业务为代表的创新型业务在商业银行内部不断发展壮大,随之而来的是风险在银行内部及金融体系内的不断积聚。因此,本书的研究在厘清未来影子银行业务发展方向的同时,有助于推动商业银行影子银行业务的规范发展,建立匹配自身风险管理能力的影子银行业务模式,对于当前中国经济运行中出现的"脱实入虚""金融体系资金空转"等现象从微观层面提供支持,有助于出台相关政策来抑制商业银行的影子银行业务发展,有助于金融监管机构加强对商业银行影子银行业务的监管,进而引导金融回归实体经济,更好地服务实体经济,推动国民经济健康、持续发展。

1.3 相关文献综述

影子银行是学术界和政府监管部门关心的重要理论和现实问题。围绕影子银行业务的概念界定、发展动力及影响等问题，学者展开了大量研究（Gorton 等，2010；Gorton 和 Metrick，2012；Gennaioli 等，2013）。总体来说，有关影子银行业务的文献研究主要集中在五个方面，即影子银行业务的内涵、规模测算、驱动因素、经济影响及风险。

1.3.1 影子银行业务的内涵

美国太平洋投资管理公司（PIMCO）执行董事 McCulley 于 2007 年在美联储的 Jackson Hole 年度会议上首次提出"Shadowbank"一词，并给出影子银行体系概念，认为影子银行体系是杠杆化的非银行投资渠道、工具和结构，它们无法像受监管的银行那样获得有保险的存款和美联储的贴现窗口支持。美国金融危机调查委员会（FCIC，2010）提出，影子银行体系多数不受监管或仅受轻度监管，是传统银行体系之外的类银行金融活动。英格兰银行金融稳定部副总裁 Tucker（2010）把影子银行体系归纳为向非金融企业、居民个人以及其他金融机构提供流动性、期限匹配和杠杆的公司、工具、结构和市场。金融稳定理事会（FSB，2011）在定义影子银行体系时区分了广义与狭义两个概念，广义的影子银行体系指传统银行体系之外的涉及信用中介的机构和活动，狭义的影子银行体系是领域"空转"的现象广泛存在。欧盟委员会将欧洲的影子银行体系从两个相互关联的层面进行了界定：一个层面是机构实体，包括货币市场基金、证券化工具以及特殊目的的工具等；另一个层面是业务活动，包括证券借贷、证券化和证券回购等。由此可见，在国外，影子银行体系是指不受或少受监管、高杠杆经营、以金融衍生品来从事信用转换活动的一系列活动的统称（IMF，2014；Bengtsson，2013）。

国内学者对中国影子银行业务的内涵也进行了阐述。中国的影子银行业务主要作为银行信贷的替代品而存在，较少涉及复杂的金融衍生产品，大部分属于制度上的创新而非产品上的创新（周莉萍，2012a）。例如，巴曙松（2013）认为中国的影子银行业务依托于商业银行而存在；殷剑峰和王增武（2013）认为"银行的影子"是指在银行资产负债表上不被统计为信贷的信用创造活动，是间接融资的进一步演化，即银行的影子本质上是对融资客户的贷款，但在银行资产负债表上并没有被记为信贷的资产；肖崎和阮建浓（2014）认为"银行的影子"是指银行同业业务，并将同业资产会计科目限定为拆放同业、存放同业和买入返售金融资产；孙国峰和贾君怡（2015）认为商业银行影子银行业务多表现为银行资产负债表中的同业资产和投资资产，或者表现为移出资产负债表；万晓莉等（2016）认为影子银行业务是缺乏透明度，具有期限转换、信用转换和流动性转换等功能的类传统银行业务，因未受监管或监管不足而开展的一系列监管套利行为；吴晓灵（2017）将影子银行业务定义为"在银行信贷之外的非银行金融活动"，"最容易引起风险的是资产管理产品"，或称理财产品；汪莉和陈诗一（2019）同样认为影子银行业务是传统商业银行在其表外资产业务上的延伸。

综上所述，由于理解视角不同，对影子银行体系的界定也不同。国际货币基金组织（IMF）总结了国际学术界界定影子银行的三个标准：第一，从参与实体来看，一般指游离于监管体系之外、与银行相对应的金融中介机构，如 Adrian 和 Shin（2009）[1]、Acharya 等（2021）[2]。第二，从实施活动来看，指创新金融工具和金融活动，如 FCIC（2010）、Li 等（2014）。第三，从创新市场来看，指证券化市场或者金融衍生品市场，如 Gorton 和 Metrick（2012）[3]。

由于各国经济发展和金融结构各异，影子银行在空间维度上的表现形式

---

[1] Adrian 和 Shin 认为影子银行是以市场为导向的金融中介机构。

[2] Acharya 等认为影子银行是指像银行一样实施借短贷长和杠杆活动，但受到较少监管的非银行金融机构。

[3] Gorton 和 Metrick 认为影子银行系证券化市场以及提供短期资金的回购市场。

不尽相同。正如金融稳定理事会（FSB）在《2013年全球影子银行检测报告》中最后总结的，"具体何种对象才算影子银行业务，可能并不存在国际通行口径，要视不同经济体的金融体系和监管体系的具体情况而定"。与发达国家相比，中国的影子银行体系有自身的特殊性，FSB提出的定义在中国没有直接的对应，这一观点已得到大部分学者的认可。从影子银行的业务构成来看，已有文献并没有对影子银行所应涵盖的业务范围形成共识，大多在委托贷款、民间借贷、互联网金融等业务形式中选取几个，对业务的梳理以罗列式为主，对交易结构、业务主体、资金来源等没有给予足够关注。孙国峰和贾君怡（2015）的研究是为数不多对影子银行业务类型进行了较为详细的梳理和描述的文献。本书在此基础上给出对影子银行业务的理解。国外一般把从事影子银行业务的机构称为影子银行，就中国而言，影子银行和影子银行业务之间存在区别。中国的影子银行业务大部分以商业银行为核心，而商业银行不能被称为影子银行，故本书讨论的影子银行业务特指商业银行所从事的影子银行业务。

1.3.2 影子银行业务的规模测算

由于缺乏较好的总量时间序列数据，同时对影子银行业务的范围界定也不同，学术界关于影子银行业务的规模测算有较大差异。综观现有文献，学术界仍缺乏高质量、时间覆盖范围长、频率高的时间序列数据的测算方法。大部分文献将资金来源和资金运用业务直接相加，这种做法容易重复计算，且很多数据来自非官方渠道，准确性值得商榷。具体的测算方法如表1-1所示。概括起来主要有以下几种：第一种方法是假设影子银行业务融资规模为GDP的一个比例，通过比例倒推，这一比例主要来源于各文献基于统计年鉴等数据源的估计，如毛泽盛和万亚兰（2012）；第二种方法是采用基于省份或区域中观层面的影子银行业务数据，如Chen等（2018）；第三种方法是自下而上，首先对影子银行业务的各个组成分别估计，然后相加，如孙国峰和贾君怡（2015）、Ehlers等（2018）；第四种方法是采用微观数据，如银行理财产品规模、银行未贴现承兑汇票规模等，即个体银行的财务数据和各种交易数据等，一一列举出来后再进行加总，或者再进行相应的数学化处理，如 Chen 等（2018）、温信祥和苏乃芳（2018）；第五种方法是绕开数据实证，转向动态随机一般均衡（DSGE）建模等方式，如庄子罐等（2018）。

表 1-1 影子银行业务的规模测算

作者	时间范围	频度	重复计算	资产负债视角	测算方法
毛泽盛和万亚兰（2012）	1992~2010	年度	未知	否	利用假设的影子银行融资比例乘以 GDP 推算
陈剑和张晓龙（2012）	2000~2011	季度	否	否	委托贷款和信托贷款之和
王浡力和李建军（2013）	2012	年度	是	否	理财、信托、租赁、小贷、民间借贷等相加
李向前等（2013）	2001~2012	月度	否	否	委托贷款和信托贷款之和
张明（2013）	2010~2012	年度	是	否	银行理财和信托产品之和
王振和曾辉（2014）	2003~2013	月度	否	否	委托贷款、信托贷款和未贴现的银行承兑汇票之和
封思贤等（2014）	1991~2012	年度	未知	否	利用假设的影子银行融资比例乘以 GDP 推算
孙国峰和贾君怡（2015）	2006~2014	月度	是	部分	利用金融机构资产负债表等倒推银行影子业务规模
李泉等（2017）	2004~2015	年度	未知	否	未公布具体数据来源和测算方法
Ehlers 等（2018）	2016	年度	是	部分	银行理财、信托产品、委托贷款、P2P 相加
Chen 等（2018）	2008~2015	年度	否	否	委托贷款、信托贷款、未贴现的银行承兑汇票之和
Sheng 和 Soon（2015）	2012~2014	年度	否	否	将信托、银行理财产品、委托贷款和未贴现的银行承兑汇票、小额贷款、典当行、民间借贷、P2P 借贷和互联网金融在一定程度上剔除重复计算后相加
Elliott 和 Qiao（2015）	2002~2013	年度	是	否	委托贷款、信托贷款、未贴现银行承兑汇票、同业代付、融资租赁和小额贷款相加

续表

作者	时间范围	频度	重复计算	资产负债视角	测算方法
Lu 等（2015）	2012	年度	是	否	银行理财产品、委托贷款、银信合作、银证合作、信托产品、小额贷款、民间借贷、互联网金融、担保相加
郭晔和赵静（2017）	2008~2015	半年度	否	否	信托贷款、委托贷款、同业代付、买入返售金融资产中的票据和信托及其他受益权、应收款项类投资中的信托受益权和资产管理计划
祝继高等（2016）	2006~2012	年度	否	否	买入返售类金融资产
高蓓等（2016）	2009~2015	季度	否	否	商业银行理财产品发行规模占商业银行总资产的比重
马德功等（2019）	2007~2017	年度	否	否	买入返售类金融资产和应收款项类投资之和

资料来源：在文献阅读的基础上手工整理所得。

中国影子银行体系不同于欧美影子银行体系，关于影子银行业务的规模测度必然不同。在影子银行业务的规模测度方面，国内学者虽各执其词，但多数学者基本认同中国的影子银行主要由银行体系主导，是银行以其他机构为通道，将信贷资产转移至表外或伪装为表内其他资产，为无法获得银行贷款的企业和机构提供的"类贷款"业务（裘翔和周强龙，2014；祝继高等，2016）。作为"类贷款"业务，其规模测算可以从资金来源与资金运用两个不同维度来测算。从资金来源来看，银行理财产品规模或者非保本理财产品规模可作为影子银行业务的规模测度指标。从资金运用来看，其资金流向主要包括两部分：一是表内信贷资产表外化，主要包括信托贷款、委托贷款等；二是信贷资产伪装为非信贷资产，主要包括同业代付、买入返售金融资产中的票据和信托及其他受益权、应收款项类投资中的信托受益权和资产管理计划等。由此，可进一步使用上述两部分资产之和代表影子银行业务规模，并使用其与总资产的比值进行稳健性检验（涂晓枫和李政，2016；万晓莉等，2016；郭晔和赵静，2017）。也有的学者从资产负债表的负债端着手加总，既完整地涵盖了影子银行的全部业务，得到宏观总量数据，又剔除了重复计算（李文喆，2019）。

本书借鉴马德功等（2019）的做法，从资金运用方面来度量影子银行业务规模，认为影子银行业务主要表现为买入返售类金融资产业务和应收款项类投资业务，将两者之和作为影子银行业务的绝对规模，以其占银行总资产的比重作为影子银行业务的相对规模，用相对规模来度量本书的影子银行规模。

1.3.3 影子银行业务的驱动因素

部分学者提出，影子银行业务的发展主要源于当局的政策调整。2008年末，中国货币政策当局实施了宽松的货币政策与信贷政策，目的是应对国际金融危机，而这一政策造成了之后持续的紧缩货币政策环境。Chen等（2018）认为，正是由于后续的紧缩货币政策才导致传统商业银行进行了大量旨在规避监管的金融创新，这些金融创新既包括运作模式的创新，也包括金融产品的创新，传统银行加大了与其他金融机构的合作，如银银合作、银信合作等急剧扩大，进而带来了影子银行业务的飞速发展。需要指出的是，商业银行的金融创新也会引来外部监管者新的监管，监管当局会通过发布新的政策来限制上述金融创新行为，如2014年的同业新规限制了商业银行的表内非标业务；2018年的资管新规推进了资产管理业务的统一监管，实现了进一步的"去通道"与"去嵌套"目标，这些都有效降低了不规范的影子银行业务规模。

监管套利[①]是商业银行开展影子银行业务的根本诱因（袭翔和周强龙，2014）。将信贷资产由表内转移到表外，这一操作使商业银行在规避资本监管的同时，又能提高股东回报率（Pozsar等，2010；Maddaloni和Peydro，2011；Schwarcz，2012）。由于监管者与被监管者之间的信息存在不对称，监管政策

---

① 所谓监管套利（Regulatory Arbitrage）是由于监管、法律制度不同或信息不对称所导致的交易主体潜在的经济行为不能被有效监督，为减少成本或捕获盈利机会所设计的一系列金融交易，其为高昂的法律成本的副产品（Fleischer，2010）。

的出台又存在时滞性，这就使监管套利行为在某一时间段内成为可能。银行通过金融创新活动来提高资本充足率，同时又以几乎不降低实际经济风险为前提，其目的在于开发资本监管的缺陷和漏洞，通过人为降低风险加权资产来"虚抬"银行资本充足率，使部分风险游离于资本监管之外，以此为银行提供较低资本成本情况下追求较高风险的套利机会（宋永明，2009）。

从资金供给方来看，银行对流动性的需求也是导致影子银行业务快速发展的重要原因（Agostino 和 Mazzuca，2009；Calmès 和 Théoret，2010）。Cetorelli 和 Perstiani（2012）以1978~2008年美国所有的非政府支持机构资产证券化活动为样本，实证分析了资产证券化的运作结果，结果表明在市场竞争及监管套利的推动下，商业银行成为了资产证券化市场的主导力量，通过资产证券化活动不断扩大影子银行业务规模；周莉萍（2012a，2012b）通过研究发现，货币市场基金等资金富裕机构成为影子银行体系的最终"储蓄"者；养老基金、保险公司等资产管理机构除做长期投资外，对短期投资也有着巨大的需求，私人担保的批发融资工具如回购协议、资产支持证券等成为主要选择（Pozsar 和 Singh，2011）。上述渠道的资金供给，为影子银行业务的开展提供了充足的资金来源。

从资金需求方来看，一方面，机构投资者对安全性资产有着巨大的超额需求（Gorton 等，2010；De Rezende，2011），而机构投资者本身数量众多且资产规模不断扩大，安全性资产的需求空间较大；另一方面，短期政府债券等安全性资产又面临供给弹性不足等问题。在上述供求矛盾下，银行有较大的动力通过现金流分层、贷款组合多样化、残余风险保留等资产证券化产品来响应对私人安全资产的需求（Gennaioli 等，2013），进而推动了影子银行体系的迅速发展[①]。

基于中国影子银行体系近年来发展较快这一背景，有较多学者逐渐尝试从不同视角来分析中国影子银行业务快速发展的原因。我国信贷资金在不同

---

① Gennaioli 等从资金需求方出发，假设普通投资者是完全风险厌恶，只进行无风险投资。那么，当普通投资者拥有的财富大于金融机构无风险项目所需资金时，金融机构需要对具有风险的投资进行资产证券化，消除投资个体风险，从而创造出更多无风险产品满足投资者需求。

区域之间配置不均衡，经济发达地区有广泛的筹资渠道，因而资金充足，而欠发达地区面临较为严重的融资约束，更依赖影子银行渠道实现融资（龙海明等，2011）。杨小平（2012）认为，金融创新的不断发展、民间资金的快速增长以及信贷数量的管制是我国影子银行体系产生和发展的背景。中国式影子银行体系的兴起，从投融资中介角度看源于商业银行的监管套利，从融资方看主要是宏观调控下重点调控行业与中小民营企业的融资需求，从投资方看源自居民部门在金融抑制环境下旺盛的投资需求，是一种自发性金融创新行为（张明，2013）。商业银行通过同业市场绕开信贷规模管制，腾挪信贷指标，向影子银行体系提供资金；商业银行在我国影子银行体系中占主导地位，商业银行是影子银行体系流动性的提供者（裘翔和周强龙，2014）。陆晓明（2014）、周莉萍（2012b）认为监管部门通过行政干预限制市场机制，导致了市场自发从事自己不擅长的金融体系和机构形式创新，由此形成了影子银行体系。所以对于我国影子银行业务快速发展的原因仍然需要进一步探索。

1.3.4 影子银行业务的经济影响

（1）作为金融创新形态满足经济发展对资金的需求。

出于监管套利而进行的金融创新，影子银行业务是一种典型类信贷业务，是对传统银行信贷的有益补充，对实体经济发展起到了积极作用。影子银行不仅为资金需求者提供了新的融资渠道，还为投资者提供了传统银行存款以外的投资路径（FSB，2011；Song 等，2011）。站在投资者的层面，影子银行业务的发展为投资者提供了多元化的投资渠道，增加了投资者的投资收益。影子银行业务的发展通过降低投资门槛，实现了信贷资源的平民化，优化配置资源的同时也提高了居民的收入水平和公司的利润水平。中国人民银行金融稳定分析小组（2013）也指出，金融自由化与金融创新带动了金融市场的不断演化，影子银行就是在这一过程中产生和发展起来的，它拓宽了居民和企业的投资渠道，有助于缓解社会融资约束。而对于资金需求者来讲，影子银行业务的发展为其提供了多元化的资金来源。Hale 和 Long（2010）、Lu 等（2015）和 Tsai（2017）发现，中小企业特别依赖非正式融资，因为它们获得正式信贷的机会有限。从宏观层面来看，影子银行发挥了重要的金融中介功能，是对传统银行和资本市场的有益补充，能够提高经济效率并促进其发展壮大，从经济学角度看是有益处的（Schwarcz，2012；Claessens 等，2012）。委托贷款等影子银行业务基本上是市场对信贷短缺的反应，能较好地为实体经济提供金融服务（Allen 等，2019）。

（2）作为信用中介扩大信用供给，影响货币政策的实施。

在宏观层面，影子银行业务的发展是否会影响货币政策，在学术界形成了不同的观点。有观点认为，影子银行业务借助于金融市场的流动性来向经济社会提供信用供给，主要影响金融市场上的货币流量，而对于货币当局紧盯的货币存量基本不产生显著影响（李扬，2011）。也有人提出，作为信用中介，影子银行业务主要借助短期融资工具来发挥其中介职能，尤其以资产支持商业票据为典型代表，该金融工具具有准货币的属性，其发行量的增加扩大了信用供给，从而对货币政策产生冲击（Sunderam，2012）。

就中国而言，关于影子银行业务的发展对货币政策的影响，学者从不同视角进行了探讨。中国影子银行作为利率市场化和银行业转型的天然载体，其存在具有一定的合理性，但也给货币政策和金融监管体制带来了巨大的挑战，模糊了中央银行货币政策的窗口指导口径，干扰了货币政策目标的制定（王增武，2010；袁增霆，2011）。周莉萍（2012a）也提出，影子银行体系创造了一类信用媒介——证券化金融产品，并通过回购协议、信用风险保险、信用评级等机制推动其在金融市场流通，有关要素和环节完全符合信用创造原理，与商业银行没有本质区别。中国影子银行业务在缓解宏观调控对企业层面不利冲击的同时，降低了中央银行的货币政策效力，且这种削弱效应具有非对称性，扭曲了基准利率的信号机制，弱化了货币政策中介目标的作用（张明，2013；张全兴和吴铮，2013）。

1.3.5　影子银行业务的风险

（1）依赖短期批发融资提高杠杆导致其固有的脆弱性。

影子银行业务对短期批发融资的依赖提高了杠杆比例，导致影子银行体系运行具有固有的脆弱性。影子银行业务的开展使银行业逐步从依靠存款融资转变为依靠批发融资，从信用风险密集转变为市场风险密集，从以利差收益为基础转变为以费用收入为基础，银行内部的脆弱性进一步加大（Pozsar等，2010）。影子银行业务的开展使得大型投资银行依赖于通过抵押品回购获得融资，回购市场上的信息不对称会加剧市场恐慌，而这种恐慌会引起回购抵减率大幅上升，尤其是其再抵押操作专注于稀缺抵押品，提高了融资杠杆比例，加剧了脆弱性（Gorton等，2011；Claessens等，2012）。金融稳定理事会提出，融券和回购市场的快速发展使有抵押融资的趋势扩大进而增加了系统杠杆的顺周期性，对银行体系而言资产价格变化将引发顺周期性，对依赖有抵押融资的影子银行机构而言，资产价格变动的影响更大（FSB，2013）。

（2）影子银行业务对银行自身风险的影响。

已有文献主要关注银行竞争对银行违约风险的影响，关于两者的关系有不同的假说。一种观点认为银行竞争会增加银行风险，支持这一观点的假说有：第一，特许权价值效应，即银行竞争加剧会降低银行的特许权价值（Marcus1984）；特许权价值下降后银行的冒险动机变大（Keeley，1990）。第二，利润边际效应，激烈的竞争会引起贷款利率下降，进而银行的收益下降，其抵御风险的能力降低（Martinez-Miera和Repullo，2010）。另一种观点却认为银行竞争会降低银行风险，支持这一观点的假说是风险转移效应，即银行竞争度提高后会降低市场上的贷款利率，借款企业的偿债压力下降，其融资成本降低，因而选择风险较低的项目会降低企业贷款的违约率（Boyd和De Nicolo，2005）。杨天宇和钟宇平（2013）使用Lerner指数测算，得出银行竞争增加了银行风险的结论，但有些学者却得出相反的结论，如Anginer等（2014）、张宗益等（2012）使用Lerner指数发现，银行竞争提高了银行的稳定性。影子银行业务作为银行竞争的产物，必然对银行自身风险产生显著影响。

（3）影子银行业务对系统性金融风险的影响。

自影子银行业务诞生之日起，就与金融体系风险息息相关（Gennaioli等，2013），这源于影子银行业务的杠杆操作、过度金融创新以及规避金融监管等特性给金融体系带来的系统性风险。

美国金融危机的实质是影子银行体系的崩溃，影子银行在证券化的过程中每一步都存在着较大风险，随着扩张链条的无限延伸，其风险也在无限放大（易宪容和王国刚，2010；Gennaioli 等，2013）。影子银行体系之所以容易引发风险，源于新的金融体系下有更多的机构参与其中，打通了风险交叉传染的通道，加剧了信息的不透明性，市场参与者无法有效地处理信息，市场恐慌易被触发并链式传递形成系统性风险（龚明华等，2011；Schwarcz，2012）。肖崎和阮健浓（2014）通过对具体的商业银行同业业务操作模式分析后得出，同业业务弱化了监管，容易因自身的期限错配引发流动性风险，进而引发系统性风险；郭晔和赵静（2017）基于上市银行微观数据研究发现，影子银行业务显著增强了银行的存款竞争与银行系统风险的关系；庄子罐等（2018）研究发现影子银行的出现会增加我国信贷市场的不稳定性，并会扩大经济波动的幅度。

1.3.6　文献简评

（1）现有研究的不足。

综上所述，现有文献主要集中于探讨影子银行业务的内涵、驱动因素、规模测算以及经济影响等，研究内容较为广泛，但也存在一定不足：一是对影子银行的概念没有统一。大多数研究是通过列举产品或机构的方式来说明影子银行业务的范畴，这在探讨一些具体问题时难以深入、细化地进行统一。二是没有把握好宏观与微观的关系与区别。在探讨一些问题时既存在用某些产品或机构的特征来指代影子银行整体的问题，也存在误用影子银行整体来解释其中一些特殊部分的问题。三是没有建立明确的分类依据。如果不在分类依据上进行明确，无疑会产生各种各样的问题，而且这种错误的并存会使研究与结论都失去意义。四是对欧美影子银行理论与中国影子银行实务的区别认识不彻底。一方面，没有对欧美影子银行的核心机制与内涵做出系统性总结，难以提供科学有效的借鉴；另一方面，也没有深入了解中国的影子银行实务，用欧美观点套用中国现实，就会变成纸上谈兵，闭门造车。

（2）本书要解决的问题。

基于上述分析，本书对商业银行的影子银行业务及其风险展开研究，力求从微观层面来解读中国影子银行业务的发展模式，并对其风险及防范进行深入的实证分析，为规范商业银行影子银行业务的发展提供支撑，为我国金融体制改革提供依据。本书主要围绕以下几个问题展开：一是明确商业银行影子银行业务的定义，中国影子银行业务是以商业银行为核心的，因此，研究商业银行的影子银行业务更能代表中国自身的特色。二是结合具体的实际业务来分析影子银行业务的发展模式，厘清商业银行影子银行业务的主要构成，明晰影子银行业务的风险传导过程。三是采用实证检验的方法对影子银行业务的风险及风险治理进行分析，从银行自身和金融体系两个层面来研究影子银行业务的风险，并结合当下快速发展的金融科技，探讨影子银行业务的风险防范。四是以中国金融体制改革视角考虑中国影子银行业务的发展问题，中国影子银行业务的研究必须置于中国的金融背景下，与中国的金融改革和经济发展有机结合。本书强调，强化对商业银行影子银行业务的风险认识是必要的，但只有在有效防范影子银行业务风险的基础上，才能促进商业银行影子银行业务的良性发展。

商业银行影子银行业务的实质仍然是商业银行信贷业务，是传统贷款业务的线性延伸，会直接影响商业银行自身的违约风险。同时，影子银行业务所导致的银信合作、银基合作等，加强了金融机构内部的紧密联系，进一步强化了风险在金融体系内部的扩散，由此提高了金融市场的整体运行风险，即提高了系统性金融风险。

基于大数据、区块链、人工智能等先进技术发展的金融科技，能有效甄别信息、缓解信息不对称，并控制传统信贷业务的风险，因此，金融科技的发展会加大传统信贷业务的规模，进而压缩影子银行业务的发展空间，抑制商业银行影子银行业务的发展，间接降低银行违约风险与系统性金融风险。

基于上述问题，本书选取商业银行开展的影子银行业务为研究对象，针对其风险及风险防范展开研究，以期对现有研究进行补充。

1.4　研究思路与研究方法

1.4.1　研究思路

本书以商业银行为研究对象，对其影子银行业务及风险进行研究。本书在明确研究背景、研究意义的基础上，首先对影子银行的相关文献进行了梳理、评述，进而阐述了影子银行业务风险研究的相关理论基础，明确了影子银行业务的风险传导机制。在分析中国影子银行业务发展历程的基础上，概括出了商业银行影子银行业务的特点及发展模式，并对影子银行业务规模测度进行了介绍。针对商业银行影子银行业务的风险研究，重点从银行自身、金融系统两个层面对影子银行业务的风险进行了实证研究，又从金融科技发展层面探讨了其对影子银行业务的抑制效应，以降低影子银行业务的风险，并对其作用机制进行了剖析。在此基础上，针对如何有效抑制商业银行的影子银行业务规模，防控银行违约风险和系统性金融风险，提出了相关的对策建议。本书的研究思路如图1-1所示。

1.4.2　研究方法

商业银行影子银行业务及其风险的相关研究具有理论和实践相结合的特点，因而在本书的研究过程中，综合使用理论与实践相结合、实证研究与规范研究相结合、定性分析与定量分析相结合、理论分析与实践分析相结合、数理分析与计量分析相结合、比较分析的研究方法，力图剖析商业银行影子银行业务的发展模式及其风险，并提出政策建议以有效抑制商业银行影子银行业务的发展。

第一，理论与实践相结合的方法。一方面，对影子银行方面的相关研究进行了文献回顾和梳理，为相关研究提供了较为坚实的理论基础；另一方面，

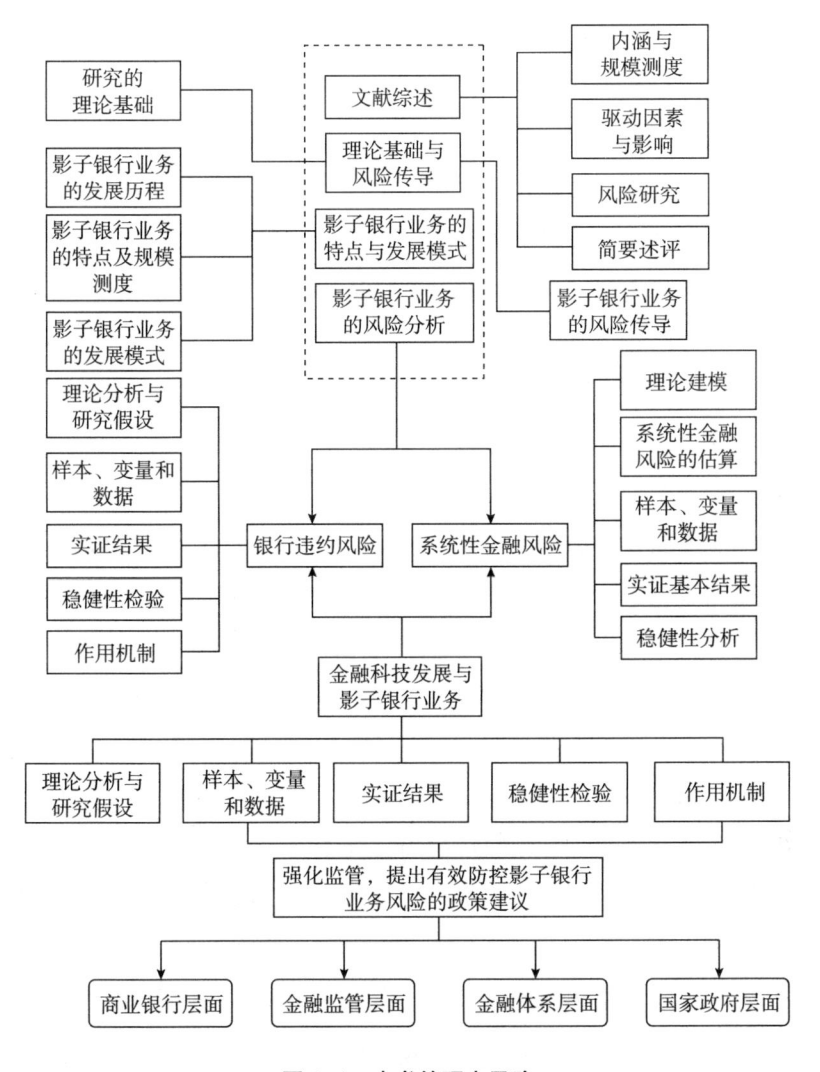

图 1-1 本书的研究思路

对影子银行业务的发展模式、风险扩散等内容进行了实践分析，使相关的理论研究能够与当前的实践经验相结合。

第二，实证研究与规范研究相结合的方法。一方面，针对商业银行视角下的中国影子银行业务发展历程、发展模式等进行了规范研究；另一方面，对于商业银行影子银行业务所引发的银行违约风险、系统性金融风险以及金融科技层面的影子银行风险治理等进行了实证研究。

第三，定性分析与定量分析相结合的方法。对影子银行业务的概念界定、发展历程、发展模式以及相应的政策建议等进行了相应的定性分析；而对于影子银行业务在银行个体层面和金融体系层面的风险以及金融科技对中国影子银行业务风险的治理等均进行了定量分析，并利用面板分析等计量分析方法，对相关的经济模型进行了实证检验。

第四，数理分析与计量分析相结合的方法。数理经济学主要利用数学进行演绎推理，方法论基础是数理统计学，目前已成为经济分析的重要方法。本书在第5章中对影子银行业务影响系统性金融风险的行为进行数理模型分析，得出商业银行开展的影子银行业务将扩大系统性金融风险的结论。金融学作为一门应用科学，需要理论的指导，更需要基于计量分析的实证支持。就影子银行业务而言，规模的测算、风险的度量以及金融科技指数的构建通常需要一系列量化指标来实施。就本书而言，首先在界定影子银行业务边界的基础上，选用科学的方法对商业银行开展的影子银行业务规模进行了估算。然后利用面板双固定效应模型研究了影子银行业务在中微观层面对银行违约风险和系统性金融风险的线性影响，此外，还实证研究了金融科技对影子银行业务的抑制效应及其作用机理。

第五，比较分析法。影子银行作为一种全新的金融组织形态，中国的影子银行业务发展水平远远落后于美国等发达国家，但中国影子银行业务的发展有自身特色，要在比较中进行分析。不管是中美影子银行体系的横向比较，还是我国影子银行业务发展的纵向比较，以及中微观层面对银行违约风险、系统性金融风险的影响等均应用了比较分析法，有助于我们针对商业银行开展的影子银行业务活动进行更全面的研究。

1.5 创新点及不足

本书研究的创新之处主要表现在以下三个方面：

第一，研究对象独特。从商业银行这一微观层面来研究其影子银行业务，将影子银行与商业银行两个范畴相结合，探讨商业银行开展的影子银行业务及其风险。现有文献探讨影子银行业务时较少立足于商业银行这一层面来进行分析。在分析与对比欧美学者以及国内学者对影子银行定义的基础上，提出从商业银行主体层面定义影子银行业务，具有一定的独特性。

第二，研究内容较为全面。将银行违约风险与系统性金融风险相结合，探讨影子银行业务的风险，并从抑制影子银行业务规模这一层面来有效防控其风险。以往研究侧重于分析影子银行业务的某一层面的风险扩散效应，而本书既分析了影子银行业务在银行自身层面的风险，也分析了影子银行业务在金融体系层面的风险。两种不同层面的风险表现出了不同的异质性，影子银行业务影响两大风险的传导机制也有所不同，相应地，应从不同角度来有效控制两大层面的风险，规范商业银行的影子银行业务发展。

第三，研究的时效性较强。将商业银行影子银行业务与金融科技的发展相结合，探讨金融科技的发展如何有效抑制影子银行业务的发展，进而降低其风险。金融科技的发展有助于抑制商业银行的影子银行业务规模，从而能抑制其风险的扩散。在数字经济时代，金融科技的发展对金融体系造成了较大的影响，本书选择商业银行层面的影子银行业务为研究对象，重点分析了金融科技对其风险的有效治理，由此将金融科技与影子银行业务衔接，为有效控制影子银行业务的风险提供了新的视角。

综上所述，本书的研究不仅视角新颖、研究内容独特，且具有较强的时效性。本书研究金融科技对商业银行影子银行业务的抑制效应，进而防范其风险，这在当下具有较强的时效性，能为现实中的金融支持实体经济发展提供一定的借鉴和参考。

但是本书也存在一定的不足之处。首先，由于商业银行开展的影子银行业务缺乏统一的信息报告制度，因此缺失反映影子银行业务发展的准确数据，本书只能结合影子银行业务在实践中的应用来进行界定，给实证分析带来一定的困难；其次，金融科技的时效性较强，对于金融科技指数的选择、构建，现有文献提供的方法比较单薄，也给实证分析带来了一定的挑战；最后，为了较好地获取数据，本书只选择了我国 36 家上市银行为研究对象，相对来说，样本量较小，研究成果的推广范围受到了一定的局限。

对影子银行业务的监管要立足于中国金融体系改革的角度进行思考，如何通过发展影子银行业务既能够提高金融体系效率性又能保持金融体系的稳定性这一课题需要更深入的研究，也将成为本书后续的研究方向。

1.6 本书的结构安排

本书的内容结构安排如下：第 1 章主要介绍研究背景及研究意义，进而梳理文献，明确研究思路、研究方法及创新点等内容，并简要介绍了本书的结构安排。第 2 章首先对涉及的基本概念和主要基础理论进行了介绍，进而对影子银行业务的风险传导理论进行了阐述。第 3 章在回顾中国影子银行业务发展历程的基础上，着重分析商业银行影子银行业务的特点及发展模式；针对中国影子银行业务经济效应中的风险扩散效应进行了研究。第 4 章重点分析了商业银行影子银行业务对银行违约风险的影响，并进一步分析了其异质性和作用机制。第 5 章重点分析了商业银行影子银行业务对系统性金融风险的影响，在分析异质性的同时进行了稳健性检验。第 6 章引入金融科技指标，分析金融科技的发展对中国影子银行业务的抑制效应，并进一步分析了其异质性和作用机制。第 7 章在上述分析的基础上提出规范商业银行影子银行业务发展、有效防控其金融风险的对策建议。第 8 章对全书进行了总结，并对后续研究进行了展望。

第 2 章 相关理论基础

2.1 相关概念界定

本节主要涉及影子银行业务、银行违约风险、系统性金融风险以及金融科技的概念。

2.1.1 影子银行业务

各国监管当局对影子银行范畴的界定各不相同，评级公司等市场机构也分别建立了自己的影子银行分析框架。目前，国际上主要有三种公认的定义模式，即资金来源模式、金融稳定理事会模式和非核心负债模式，如表 2-1 所示。

表 2-1 影子银行三种定义模式比较

	资金来源模式	金融稳定理事会模式	非核心负债模式
范围	非银行金融机构	非银行金融中介（区分宽窄口径）	所有金融机构核心负债外的业务

续表

	资金来源模式	金融稳定理事会模式	非核心负债模式
机构类型举例	货币市场基金 金融租赁 证券化通道 做市商	货币市场基金 贷款公司 证券化通道 做市商 投资基金	非居民存款 证券 贷款 货币市场基金 金融体系内部的证券
监管	不受监管	大部分不受监管	表外业务不受监管

金融稳定理事会（FSB）对影子银行给出了较为明确的定义：在金融创新与规避监管共同作用下产生的影子银行，具备传统银行的信用转换、期限转换以及流动性转换等功能，但又不受传统银行业监管体制的监管。就中国的影子银行体系而言，其最大特征即为以商业银行为核心，因此，本书选择从商业银行这一微观参与主体的视角来界定影子银行业务。商业银行的影子银行业务是指银行以其他机构为通道，将信贷资产转移至表外或伪装为表内其他资产，为无法获得银行贷款的企业和机构提供的"类贷款"业务（裘翔和周强龙，2014；祝继高等，2016）。从本质上来讲，商业银行的影子银行业务是基于监管套利进行的资本运作，具有典型的"类信贷"特征。

随着监管政策的不断变化，商业银行的影子银行业务呈现出不同的形式。其中，最具代表性的包括买入返售业务和应收款项类投资业务，因其业务种类形式多样、隐蔽能力较强、受到监管针对性不强等特点，受到商业银行的广泛青睐（Rao等，2015；祝继高等，2016；马德功等，2019）。基于此，本书用买入返售金融资产和应收款项类投资的期末余额之和在银行总资产中所占的比重来衡量商业银行影子银行业务规模。

2.1.2 银行违约风险

关于银行违约风险的测度，现有文献（Diallo 和 Al-Mansour，2017；项后军和闫玉，2017；庞晓波和钱锟，2018）主要采用以下两类方法：第一类是用银行预期违约概率或破产风险来测度，包括银行预期违约概率和 Z 值；第二类是用不良贷款率、风险加权资产率以及贷款损失准备金率等反映银行资产质量的指标来测度。在第一类指标中，银行预期违约概率一般被认为是最能全面衡量银行违约风险的指标，但是由于我国银行违约数据不可得，很难采用银行预期违约概率来衡量银行违约风险，所以，已有文献较多采用 Z 值来衡量银行违约风险水平。在第二类指标中，考虑到信用风险是商业银行的主要风险，而我国商业银行风险加权资产的数据较难获得，因此，采用净贷款资产占比近似代表风险资产率来衡量银行违约风险水平，这种做法在已有文献中比较常见。

参考现有经典文献的思路（Houston 等，2010；张健华和王鹏，2012；Lepetit 和 Strobel，2015），本章选取 Z 值（zscore）作为银行违约风险的基准代理变量，具体而言，Z 值的计算公式为：

$$z = (roa\_mean + ea)/roa\_sd \tag{2-1}$$

其中，ea 表示所有者权益合计/资产总计，roa_mean 表示银行总资产回报率的平均值，roa_sd 表示银行总资产回报率的标准差，参照徐明东和陈学彬（2012）的做法，计算为 roait 连续三年的滚动标准差。Z 值越大，银行经营的稳定性越高，即银行面临的违约风险越小；反之，则银行违约风险就越大。

2.1.3 系统性金融风险

金融稳定理事会提出，系统性金融风险是指金融体系的不良运作所导致的信贷可获得性的下降，进而对实体经济产生不利影响。系统性风险依附于金融系统，是金融系统属性的一般表现。金融系统具有层次性与动态性两大基本特性。层次性意味着金融系统在更高层次上属于要素范畴，而在低层次上属于系统范畴。从系统范畴来看，系统性风险源于金融系统固有结构。由于金融机构的杠杆经营和复杂的债权债务关系，以及金融系统各主体间存在的信息不对称，使金融系统存在脆弱性。从更高的要素系统范畴来看，金融系统是经济系统的一个构成要素，其对实体经济提供资金融通功能，金融系统外部环境的变化在某些情况下会导致金融系统性风险的积累。动态性特征是指金融系统自身的变化过程，系统演化或源自系统内部（内部创新），或源自外部环境，两者同时存在并相互作用。

基于系统论的视角，系统性风险有两个维度。第一个维度是时间维度，即金融体系风险与实体经济的顺周期性。按照周小川的观点，亲周期性是指金融体系与实体经济之间动态的相互作用。这种相互依存的相互作用关系会扩大经济周期性的波动程度，并加剧金融体系的不稳定性。时间维度下系统性风险的主要驱动因素包括风险偏好动态变化、金融自由化、竞争政策、金融创新以及经济环境的变化。第二个维度是横截面维度，即由溢出效应、传染效应相关的负外部性所产生的系统性风险。伴随金融业的不断发展，金融机构之间的关联性日益增强，2008年金融危机表明，单个金融机构一旦发生危机，其违约风险通过资产负债关联、羊群效应等渠道快速传染给其他金融机构，导致整个金融体系处于危机中。溢出效应可分为直接风险溢出和间接风险溢出两类。直接溢出主要基于资产负债关联性、网络效应产生风险溢出。间接溢出主要包括信息溢出以及资产抛售所导致的资金外部性。本书研究的系统性金融风险是基于第二个维度的，即商业银行影子银行业务的风险溢出效应、风险传染效应等负外部性所产生的金融体系的系统性风险。

2.1.4 金融科技

金融科技与科技金融是实践中极易混淆的两个概念，但实际上两者存在本质区别，如表2-2所示。

表2-2 金融科技与科技金融的主要区别

概念	核心要义	实现方式	典型产品与应用
金融科技	通过科技创新服务金融行业，本质是"科技"	人工智能等前沿技术在金融行业的应用，提升金融整体效率和服务实体经济能力	智能投顾、大数据征信、移动支付、区块链ABS
科技金融	通过金融创新服务科技行业，本质是"金融"	研发和提供适合科技型企业的金融创新产品，满足科技创新创业的金融服务需求	投贷联动、科技保险、知识产权融资、科技众筹

从内涵来看，金融科技更加强调科技的驱动性，通过科技手段推动金融

创新，同时依据金融创新成效来判断科技实施效果。从外延来看，所有体现金融和科技融合的产品、服务、模式、流程等都属于广义的金融科技范畴。狭义的范畴特指某类技术、某项产品或者某类企业，在不同情境下有不同的含义。狭义的金融科技可以特指某项金融科技支撑技术，如大数据、区块链、人工智能及云计算等；可以特指金融科技主要业态，如网贷与众筹、保险科技、开放银行及综合金融服务平台等；可以特指金融科技产品和服务，如智能投顾、智能保顾、量化交易及加密数字货币等；也可以特指金融科技创新企业，如爱宝科技及微众银行等。金融科技创新有助于推动金融与科技的深度融合，赋能金融行业的供给侧结构性改革。而科技金融属于产业金融的范畴，通过金融产品创新直接服务于科技产业发展，创新的主体既可以是传统金融机构，也可以是新金融平台。因此，科技金融致力于通过金融产品研发来满足科技型企业的金融服务需求，而金融科技致力于通过科技创新提升金融行业服务实体经济的效率和质量。

2.2 研究的理论基础

2.2.1 金融创新理论

创新理论是一种需求诱导利润驱动的金融现象。它不仅是一种新的金融产品或服务的发明和创造，更重要的是它能给人们带来巨大的利润。正因如此，金融创新受到人们的普遍认可和欢迎，是国际社会的执着追求。然而，到目前为止，金融创新在实践中还没有形成独立完整的理论体系。经济学家经常使用企业利润最大化的微观经济理论来分析新金融工具的诞生和金融企业努力创新的过程。W. L. Silber 于 1983 年指出，金融创新是为了抵御抑制企业利润和效用最大化的外部因素而产生的。金融活动的各种制约因素根据其来源和形式可分为：政府管制和税收政策的变化，消费品和金融资产价格等外部环境的变化，供求因素的变化导致整个市场的变化。其中，供给要素的变化多指技术进步和竞争加剧对金融机构风险和成本的影响，需求因素的变化是指投资者对资金流动性、风险、交易成本、融资渠道等态度的变化。

在诸多对金融创新产生与发展有所建树的金融经济学家中，大致可以分为两派：一派注重分析推动金融创新进程的制约因素，不研究金融创新的经济学原理[①]；另一派则侧重对金融创新过程决定因素及发展动力的研究[②]。以上分析表明，金融监管在金融创新的初始阶段至关重要，而技术进步是创新的驱动力，其重要性贯穿金融创新的全过程。虽然税收对创新也很重要，但它是有选择性的、暂时的。总之，金融创新是多种因素相互作用的共同结果。而金融创新前期的很多决定性因素，往往对其后期发展并不很重要。

本书所研究的影子银行业务，从本质上来说也是一种金融创新活动，是在金融自由化浪潮下的金融产品、金融服务模式以及金融机构等的创新活动，是商业银行在金融监管下进行的套利行为，是对传统业务的创新。

2.2.2 监管套利理论

监管的首要目的是鼓励和限制某些不同的业务活动，鼓励具有正外部效应的业务，限制具有负外部效应的业务。于是，针对不同的商业形态，出现了不同的监管体系。但由于契约的不完全性，监管主体无法根据业务本质准确划分不同的业务形态。这就给市场主体留下了套利的空间，市场主体可以在不改变业务本质的情况下改变业务的形式，然后从一种监管制度转换到另一种监管制度。

"监管套利"在国内外没有统一的定义。一般认为，当经济满足以下两个条件时就会出现监管套利机会，理性的市场主体会选择最优的交易策略，使自己的效用最大化：一是一个经济目的可以通过多种交易策略达到，二是监

---

① 其主要代表人物和论述有：E. J. 凯恩 1984 年对管制与技术的论述、M. H. 米勒 1986 年对税收与技术的论述以及 S. L. 格林鲍姆和 B. 希金斯 1983 年对提高实际收入与周期利率的论述等。

② 这方面的主要代表论述有 M. 贝霍尔曼和西伯尔 1977 年、A. W. 萨姆兹 1986 年对创新的产生原因及结果的分析，西伯尔 1983 年和 J. D. 芬纳蒂 1988 年对新金融工具、市场和技术的分类研究及其产生渊源及意义等方面的分析。

管体系对本质相同但形式不同的交易策略的处理方式不同。监管制度处理上的差异源于制度固有的不完备性，无法对交易的经济本质给出足够精确的定义。

监管套利可以提高监管部门宏观调控的杠杆作用，缓解不合理监管规则导致的行为扭曲，促进监管部门完善监管制度，但会带来一些负面影响，如加剧金融体系的系统性风险。监管套利可能使监管达不到最优水平，使金融活动更加多变和隐蔽，增加了监管难度。监管套利与金融创新的结合打破了金融企业原有的业务范围和地域限制，各种业务相互交叉，使金融机构的组织日益复杂。此外，国际监管套利促进了金融业务的国际化。这些都使原有的监管体系失去了基础，对资本监管提出了新的要求。监管套利是指原有的监管制度被规避了，这就迫使监管者不仅要根据监管套利不断修改监管制度，还要根据具体的经济金融形势正确地放松或收紧监管制度。监管套利使金融机构能够规避金融监管，进行高风险的金融活动，增加了金融机构的道德风险。

本书所研究的中国影子银行业务从本质上来说就是商业银行的一种监管套利行为，具有典型的"体系内"和"类信贷"特征，作为信贷业务，在给银行自身带来经营风险的同时，也会通过通道机制将风险扩散至其他金融机构，由此引发新一轮的系统性金融风险。因此，影子银行业务具有较高的金融风险，需要对其进行有效监管，规范商业银行影子银行业务的发展。

2.2.3 委托代理理论

委托代理理论（Principal-agent Theory）是由美国经济学家伯利和米恩斯于20世纪30年代提出的。他们知道既有企业主又有企业经营者的做法存在很大弊端，于是提出了委托代理理论，主张所有权和经营权分离，企业主保留剩余索取权，转让经营权。委托代理理论一直是现代公司治理的逻辑起点。委托代理理论是制度经济学契约理论的主要内容之一。它所研究的委托代理关系，是指一个或多个行为人根据一个明示或默示的契约，指定并雇用其他行为人为其服务，同时授予其一定的决策权，并根据后者提供服务的数量和质量向其支付相应的报酬。授权人是委托人,被授权人是代理人。委托代理关系起源于"专业化"的存在。当存在"专业化"时,可能存在代理人因其比较优势而代表委托人行事的关系。委托代理理论不同于传统的微观经济学,它分析的是企业内部和企业之间的委托代理关系,在解释一些组织现象上优于一般微观经济学。

商业银行承担过度风险的一个关键驱动力是代理理论。信贷决策几乎总是委托给银行机构的内部代理人。有限责任和高杠杆下的经营模式使商业银行管理层有强烈的动机设计高风险合约。例如,信贷经理的绩效考核是以贷款额度为标准的,这意味着信贷经理有通过过度贷款赚取短期利益的动机,甚至不惜以增加贷款违约风险为代价。此外,金融机构的管理层通过调整信贷政策以牺牲未来收入为代价来增加当前收入。例如,通过延期贷款或以新还旧来掩盖贷款的不良率,或通过弱化贷款条款来避免承认违约。在代理理论下,金融中介和管理层的有限责任和薪酬结构决定了信用供给的周期,信用供给的周期导致系统性风险的积累。

商业银行开展的影子银行业务从本质上来讲是一种类信贷业务,同样存在委托代理问题,因而会增加银行违约风险,降低其风险承担能力,也会导致金融体系内的风险积累,扩大系统性金融风险。

2.2.4 信息不对称理论

信息不对称理论是指在市场经济活动中,各类人对相关信息的理解不同;信息充足的人往往处于有利地位,信息贫乏的人则处于不利地位。根据这一理论,市场上的卖方比买方更了解商品的各种信息;信息多的一方可以通过向信息少的一方传递可靠的信息而从市场中获益;信息较少的买卖双方中的一方会试图从另一方获取信息;市场信号显示可以在一定程度上弥补信息不对称的问题。

由信息不对称导致的各种问题和风险,在发展中国家向市场经济的转型中尤为突出和严重,而信息不对称的背后隐藏的其实又是道德风险。商业银行开展的影子银行业务,不仅存在委托代理问题,同样也存在信息不对称问题，而这些问题的存在，一方面会加大银行违约风险，另一方面也会扩大金融体系的系统性风险。

2.2.5 金融脱媒理论

所谓"金融脱媒"，就是在金融管制的情况下，资金供给绕过商业银行体系，直接交付给需求方和融资方，完成资金的体外循环。随着经济金融化和金融市场化进程的加快，商业银行主要金融中介的重要地位正在下降，储蓄资产在社会金融资产中的比重持续下降，导致社会融资方式由间接融资向直接和间接融资转变。金融深化（包括金融市场的完善、金融工具和产品的创新、金融市场的自由进出、混业经营以及利率和汇率的市场化等）也会导致金融脱媒。金融脱媒是经济发展的必然趋势。

从银行的角度来看，首先，由于证券市场的发展，一些业绩优秀的大公司正在通过股票或债券市场融资，对银行的依赖逐渐降低，银行客户质量趋于下降，对银行公司的发展造成了一定影响；其次，随着大型企业集团财务公司的迅速崛起，企业资金配置能力加强，不仅分流了企业客户在银行的存贷款，而且开始取代银行提供财务顾问和融资安排，对银行业务造成了强烈冲击；最后，短期融资券的发行造成了大公司客户的流失和优质贷款的替代，直接导致贷款利息收入下降。

商业银行的影子银行业务也是金融脱媒的表现之一。在金融脱媒趋势下，商业银行与非银行金融机构的合作大有可为。一方面，商业银行与非银行金融机构在功能特征上存在差异，产生了合作的可能性；另一方面，在综合经营仍处于"积极稳妥"推进阶段、补充外资渠道不够畅通的情况下，与非银行金融机构在业务层面紧密合作是中小银行经济、快速、可行的选择。本书研究的影子银行业务，是商业银行以非银行类金融机构为通道开展的"类信贷"业务，它进一步加强了金融机构间的联系，容易导致金融风险在金融体系内的扩散。

2.3 影子银行业务的风险传导理论

2.3.1 影子银行业务的风险成因

商业银行所开展的影子银行业务，从本质上来讲就是一种"类信贷"业务，本身具有较大的风险，具体表现在以下几个方面：

第一，过高的杠杆率使影子银行业务本身蕴藏着巨大风险。由于商业银行开展的影子银行业务要以其他金融机构为通道，要把资产伪装成非信贷类资产，或者是转移至表外，因此才能不受或少受外部监管。此外，商业银行开展的影子银行业务无须缴纳存款准备金，也没有资本充足率的要求。因此，高杠杆率成为了影子银行业务的重要特征。影子银行业务的开展使金融机构之间的联系更加紧密，影子银行业务的高杠杆率容易扩散到其他金融机构，极大地提高了整个金融体系的杠杆率，从而给整个金融体系带来巨大的风险。

第二，高度的期限错配增加了影子银行业务的流动性风险。从资金来源来看，商业银行主要通过在货币市场上发行短期金融产品为影子银行业务提供资金；从资金运用来看，影子银行业务大多以期限较长、风险性较高的结构化金融产品为投资对象。资金来源与资金运用在期限上不匹配，容易引发商业银行的流动性风险。此外，影子银行业务的资金来源期限较短，不如以吸收存款为主要资金来源的传统信贷业务稳定，也进一步加大了银行的经营风险。

第三，影子银行业务的高度关联性加快了风险的传递。可以从横向关联和纵向关联两个维度来分析影子银行业务的关联效应。横向关联效应指影子银行业务通过信用违约互换、资产证券化等金融衍生工具的使用拉长了信用链条，而这些交易活动的参与者主要是以商业银行为代表的各种金融机构，这进一步强化了金融机构之间的联系。当某一个链条出现风险，该风险就会引发多米诺骨牌效应，加剧金融机构的脆弱性。纵向关联效应则表现为"通道"机制，即商业银行与其他金融机构之间利用影子银行业务为某些金融交易做通道，实现了金融监管套利理论中的市场主体的转换，但规避监管的同时也影响了金融机构的稳定程度。

第四，监管缺失或监管不足导致影子银行业务风险不断累积进而引发系统性风险。商业银行开展影子银行业务，往往以发行短期金融产品来筹集资金，尤其是依赖批发性的银行同业拆解市场。一方面，在银行间同业拆借市场上，金融机构之间紧密相连，一旦批发性的银行间拆借市场风险爆发，就会导致作为参与主体的相关银行及其他金融机构遭遇流动性危机和市场风险。另一方面，商业银行用资产投资所得来偿付到期的产品本息，容易发生"借新还旧，滚动发行"，一旦所投资产出现问题，或投资者丧失信心以至于银行不能借新还旧，整个资金池都会受到影响，资金链的受创，轻则影响银行声誉，重则甚至影响银行的正常表内业务，银行风险通过通道机制会扩散至整个金融体系，进而引发系统性金融风险。

第五，影子银行业务所引发的银行违约风险可能从银行体系扩散到实体经济。一方面，影子银行业务的信用风险在银行内的不断积累可能引起表内基础资产的信用违约，然后从表内基础资产扩散到银行表外业务，而表外业务资金的流向结构性特征明显，很多资金最终会流向政策限制较为严格的产业，如政府融资平台、房地产、基建项目等。一旦不利政策出台或者相关领域内出现严重波动，可能会爆发较大规模的实体经济行业性违约风险。另一方面，影子银行业务的银行违约风险也会通过加深系统性风险而影响实体经济的发展。商业银行的影子银行业务是一个复杂业务链条，它连接货币、信贷、资本、保险、理财等各类金融市场，同时又连接了金融业务与实体经济。影子银行业务的合作基础是监管不对称所带来的套利空间，这种链条式业务使金融机构之间和金融体系与实体经济之间的风险传导成倍增长。经济发展进入新常态时，影子银行业务的发展更可能使金融机构尚未出售的以公允价值计价的风险资产账面价值缩水，各类金融市场发生连锁反应，导致整个社会融资规模缩小，金融机构面临严重的偿付危机，从而出现金融领域的系统性风险，进一步扩散到实体经济层面，引发更大范围内的经济风险。

2.3.2 影子银行业务的风险传导

影子银行业务的上述风险，会通过以下机制进行传导：

2.3.2.1 具有表内信贷资产相似的风险触发机制

首先，商业银行的影子银行业务有类似于资产负债表上信贷资产的风险触发机制。在资金池信托等影子银行活动中，大部分资金流向融资平台和房地产项目。在中国目前的制度下，基础资产在风险暴露后将不可避免地"回到表内"（刘煜辉，2013）。鉴于商业银行为部分影子银行活动提供隐性担保，在研究影子银行活动的风险传导规律时，应"回归"其债权债务关系（李建军和薛颖，2014）。2016年12月，中央银行相关负责人就表外融资纳入宏观审慎评估体系接受采访时表示，"表外融资基础资产的投向主要包括信贷、债券等资产，与表内广义信贷差别不大，也起到信用扩张的作用……表外融资虽然叫'表外'，但资金来源有一定刚性兑付，出现风险时，银行往往要内化"。底层资产可能以不良资产的形式被明确"归还"或"进入"。

本质上，商业银行的影子银行业务是类信贷活动，与表内信贷业务具有相似的风险触发机制和最终效应。当表内信贷影子银行活动的底层资产风险暴露时，会侵蚀银行的投资收益；当表外信贷影子银行活动的底层资产风险暴露时，会侵蚀银行的中间业务收入，两者都会降低银行的营业利润和资产价值，从而降低银行的资产价值对其表内债务的覆盖能力，改变银行的整体风险状态。

2.3.2.2 加速金融信用的扩散

金融信用本质上是社会经济活动的一个重要环节，可以有效增加国民经济领域的货币供给，为生产和投资提供信用支持。信用创造的意义在于满足企业的融资需求，为企业的生产经营活动及投资活动提供充足的资金，从这一层面来讲，信用创造对宏观经济发展的作用不容忽视。金融机构所应用的各种金融工具反映了不同的金融信用关系。银行信贷、债券、股票等作为不同类别的金融工具，代表了交易主体间不同的金融信用关系，但又具有共同的本质，即均是联系未来收益的资产剩余索取权，最终都需要该资产的未来预期收益来支撑。若这种预期收益遭受损失或不能实现，则相应地各种金融工具就会发生风险损失。

除引发资本过度积累外，影子银行业务的快速发展也会导致金融体系内部结构发生变化，这种内部结构的变化主要表现为金融信用形式的拓展和金融工具种类的增加，这必然会对系统性风险产生重大影响。金融机构通过创造出与实际生产并无直接关联的金融信用，来为实体经济的投资提供融资，所以系统性金融风险容易扩散到实体经济部门。另外，金融机构还可以通过金融创新为初级金融资产进行再融资，加大风险在金融体系内部的沉淀与积累。

金融信用关系经历了从商业信用到银行信用的发展，也经历了从股票、债券为代表的简单金融市场信用到期货、期权等各种金融衍生工具为代表的复杂金融市场信用，由此可见，不同的金融工具反映了不同的金融信用关系。金融信用的不断扩展在拉长信用链条的同时，将风险进行了转移，金融信用关系越来越复杂，系统性金融风险被不断积累与放大。

2.3.2.3 加速风险在金融机构间的传导

（1）信用渠道传染与乘数效应。

商业银行影子银行业务的发展通过通道机制，将各类金融机构联系在一起，由此各类金融机构的资产负债表之间产生了广泛的关联性，这种关联性为风险扩散提供了渠道。因此，对风险传染机制的分析可以利用各类金融机构主体资产负债表之间的具体连接关系。借助于金融工具的交易，金融机构间形成了不同的信用关系，包括债权债务关系、股权关系、间接信用关系以及复杂的金融合约关系。在债权债务关系层面，影子银行业务中的某一银行倒闭首先会以信用冲击的方式影响其他银行或是其他金融机构，导致关联机构出现损失，在银行资本金不足以偿付所有损失的情况下，该银行及其关联机构将面临破产风险；在股权关系层面，影子银行业务中的主体因为投资对象的破产而发生损失，而这种损失会通过金融机构之间的股权关系进一步扩散，从而成为风险传染的渠道；在间接信用关系层面，在金融合约基础上的请求权，如担保行为，也会通过多个链条成为金融机构之间或是金融机构与实体经济部门之间的风险传播渠道；在复杂的金融合约关系层面，金融创新所引发的创新型金融工具的大量出现，如基金、回购、信托受益权以及资产支持证券等，使金融关系日趋复杂，金融机构之间的资产负债关联呈现乘数效应，会加大系统性金融风险的积累。Markus 等（2009）对次贷危机的研究表明，金融机构之间的资产负债关联使某些机构遭受到的冲击迅速蔓延到其他机构与市场，从而形成系统性风险。因此，商业银行影子银行业务的开展，在给银行自身带来违约风险的同时，会影响到它的债权人与债务人，同时通过金融机构之间的信用关系传递到其他金融机构。

（2）流动性冲击传染机制。

传统金融机构之间的风险扩散不仅体现在信用风险的关联方面，2007 年次贷危机的爆发表明了金融机构之间在流动性风险方面的关联性。Allen 和 Gale（2000）认为银行面临着储户流动性需求的不确定性，因此受到流动性风险的威胁。整个经济体系是由许多区域组成的，每个区域的前期和后期消费者数量随机变化，但对流动性的总需求是不变的，这就为不同区域的银行间保险提供了可能。提供相互保险的方式是通过银行间储蓄的交换。只要整个银行体系有足够的流动性，银行之间的存款交叉持有就能有效解决单个银行流动性需求的不确定性。但是，当经济整体存在过度的流动性需求时，每家银行都试图利用其在其他银行的存款来满足外部的流动性需求，结果就会导致所有的银行间存款都消失，没有一家银行能获得任何额外的流动性。解决整体流动性短缺的唯一办法是实现长期资产。每家银行只能通过变现长期资产获得有限的缓冲，所以如果初始冲击规模超过长期资产缓冲所能承受的限度，就会出现银行挤兑，银行将被迫破产。由于不同银行之间的存款交叉持有，一家银行的倒闭会波及其他银行。单个银行的倒闭会不会蔓延，取决于存款交叉持有产生的相关网络形态。在一个完整的网络中，同业存款的数量是平均分布在多家银行中的，这样一来，单个银行的初始影响会被削弱；另外，在不完整的网络中，单个银行的初始影响会集中在一定范围内，容易导致危机的蔓延。

（3）市场心理恐慌的风险放大机制。

影子银行体系内局部风险爆发会对市场交易者心理产生重要冲击，面对冲击，市场参与主体的第一反应是规避风险。伴随整个市场上风险厌恶情绪的积聚，市场出现流动性囤积现象，刺激交易资金回笼，导致金融体系流动性风险扩散。银行间同业拆借市场、货币基金市场和回购市场的恐慌导致流动性风险在影子体系内蔓延，最终导致金融危机。2013年，中国银行业的两次钱荒给我们带来了重要的警示，应高度重视同业业务快速发展带来的系统性关联，防范市场心理恐慌带来的系统性风险效应。与货币市场相同，资本市场上局部危机事件引发的风险也会迅速蔓延。比如中诚信托危机期间，其承销商工商银行股价大跌。市场参与者心理恐慌行为的根本原因在于信息不对称和市场的不完全性，这导致银行无法完全对冲流动性冲击。如果银行预期自身发生危机的可能性增加或者从外部获得流动性的难度增加，出于预防性动机银行囤积的意愿就会增加。同时，银行机构的流动性和偿付能力存在信息不对称，导致对交易对手违约风险的担忧扩大。

2.3.3 中国影子银行业务的风险传导

从宏观层面来看，委托贷款、银信或银证等合作类理财业务以及资产管理计划等，都包含在当前中国影子银行业务的范围内。从表面来看，在这一过程中，商业银行仅从事资金管理、产品代销等非资产类业务，但从资金供给主体来看，影子银行业务的发展实际上是商业银行借助非信贷科目持有信贷资产，为影子银行业务提供资金，其典型模式主要包括买入返售类金融资产和应收款项类投资资产等。商业银行开展的影子银行业务绝大部分是对银行贷款的替代，但客户评级标准显著低于传统贷款客户的评级标准，在融资来源与资金投向方面都承担着直接的信用风险，且风险程度远大于传统的银行贷款。由上述分析可知，影子银行业务的发生进一步加强了金融机构在金融体系内部的密切联系，更有助于银行个体风险在整个金融体系内部的扩散。通过开展影子银行业务，商业银行自身过度的信用创造在给金融市场带来风险的同时，通过信用中介链条及期限转换等工具分摊风险给其他金融机构承担。除影子银行业务运行产生的期限错配、信用错配、流动性风险外，银行同业业务和票据资产业务之间也可能产生一定的杠杆效应和联动效应，并借助银信合作、银证合作等加强相互传染，引发系统性金融风险。

同时，一些产能过剩的相关企业，如房地产企业或其他中小型企业，借助于商业银行的影子银行业务，也可以从银行系统获得贷款，但其违约风险较大，一旦资金链断裂就会构成银行的不良资产。此外，商业银行会通过继续新增贷款用新债置换旧债，来保证体量较大的前期贷款规模不至于损失，尤其是针对基础建设、房地产等调整趋势明显的企业。当借款人同时涉足影子信贷与传统银行信贷时，影子信贷的高利息可能削弱企业的经营盈利，进而影响银行信贷。

特殊的市场背景、银行的不当宣传以及地方政府的压力等，都会造成银行对影子银行业务"隐性担保"的压力，加剧了风险在金融体系内部的传导。影子银行业务中的非保本型理财产品业务，往往暗示投资者银行会进行隐性担保，某些情形下银行也确实进行了赔付，这就进一步强化了这种想法。隐性担保模式是否会持久虽然存疑，但对于中小型银行来讲，一旦需要用自有资金补偿违约，将遭受致命打击。经济下行趋势下违约事件发生的概率会大大增加，违约的发生在重塑市场纪律的同时，存在严重的"溢出效应"。当这种"溢出效应"影响有限时，投资者将会更担心该类贷款的信用质量，但不会影响对其他产品的信任；当这种"溢出效应"体现出系统性时，流动性压力则可能进一步演变成全面的信贷危机；如果继续进行担保赔付，将不可避免地加深商业银行与影子银行的风险关联，银行的表外影子银行业务发生亏损时，就会使用表内资产收益弥补，将风险传导至正规金融体系，从而危及金融以及经济安全。

第3章 商业银行影子银行业务的兴起、特点与发展模式

3.1 商业银行的业务创新及中国影子银行业务的发展

随着非银行机构的不断兴起以及利率市场化进程的不断加速,商业银行在负债端与资产端均面临着巨大的挑战。在竞争日益激烈的环境下,商业银行唯有不断进行业务创新才能适应新的金融体系发展。在商业银行进行业务创新的过程中,随着影子银行业务的发展,20世纪80年代,信托公司、保险公司等非银行金融机构开始设立。1997年10月,《证券投资基金管理暂行办法》出台,证券投资基金开始大规模增长。2002年起,商业银行陆续开展理财业务。在这一时期,各类机构主要还是围绕自身业务经营范围发展,产品之间的边界划分较为清晰,影子银行整体规模不大。

2008年后,影子银行进入快速增长阶段。为应对国际金融危机冲击,货币政策由紧缩转向适度宽松,金融机构信贷规模刚性约束解除。2009年人民币贷款增加9.6万亿元,其中M2和M1分别增长27.7%和32.4%,为20世纪90年代以来最高。但随着房地产价格的快速上涨和地方政府融资平台风险

的积累，货币政策开始收紧，同时加强了对金融机构信贷投放的总量、节奏和结构的管理，贷款的增长速度和投向受到严格限制。在此背景下，银行为了规避宏观调控和监管，将大量资产移出资产负债表。各种跨市场、跨行业的影子银行因此快速增长，特别是银行理财与信托公司的"银信合作"业务快速扩张，用银行的理财资金购买信托公司的信托计划，信托计划以信托贷款的形式投资于房地产行业和地方政府融资平台。仅2010年上半年，银信合作业务就从年初的1.4万亿元飙升至2.08万亿元。证券、基金及其子公司资产管理将非标债权纳入投资范围，银信合作、银证合作、银基合作等快速发展。委托被异化为贷款的重要渠道，相当一部分是"虚假委托"。这一时期影子银行业务以银行为主，以信托、基金、证券、保险为主要渠道，大部分资金投向非标债权。

2013年，银行理财投资的非标资产占全部理财的27.49%。银监会下发《中国银监会关于规范商业银行理财业务投资运作有关问题的通知》（银监发〔2013〕8号文），对银行理财投资非标资产设定了比例限制。影子银行的业务重点开始转向表内同业业务，出现了同业三向回购、特殊目的载体同业投资、信托受益权等新的合作模式。银行间对SPV的投资从2012年底的3.6万亿元跃升至2016年底的23.05万亿元，买入返售资产一路攀升，2014年年中达到10.5万亿元的历史峰值，信托资金规模从2012年末的6.98万亿元快速增长至2016年末的17.46万亿元。此外，互联网金融产品、点对点（P2P）借贷等新型商业模式如雨后春笋般涌现。据统计，中国第三方互联网支付市场规模从2013年的16万亿元飙升至2017年的143万亿元。余额宝于2013年6月推出，截至2017年底，其净资产达1.58万亿元。具体来说，影子银行在中国的发展大致可以分为四个阶段：2008~2010年、2011~2013年、2014~2017年以及2018年至今。

3.1.1 新兴阶段，银信合作为主

中国影子银行业务的发展一般涉及资金来源的负债端、通道业务的渠道端以及最终标的的资产端三个方面。2008~2010年，是我国影子银行业务发

展的新兴阶段。从资金来源的负债端来看，该阶段影子银行业务的资金来源主要依赖于银行理财业务。银行理财业务是指商业银行接受客户委托，按照与客户事先约定的投资计划和收益风险承担方式，为客户提供的资产管理服务。银行理财业务之所以能成为存款的重要替代品，主要是因为与银行存款利率相比，理财产品拥有较高的收益率。银监会于2005年发布的《商业银行个人理财业务管理暂行办法》，标志着银行理财业务正式开启。银行理财业务从2008年开始进入快速扩张阶段，理财资金余额从2008年年底的8200亿元一路攀升至2013年年底的10.21万亿元，且2013年后增速进一步加快，2016年年底的理财资金余额更是上升至29.05万亿元（见图3-1）。

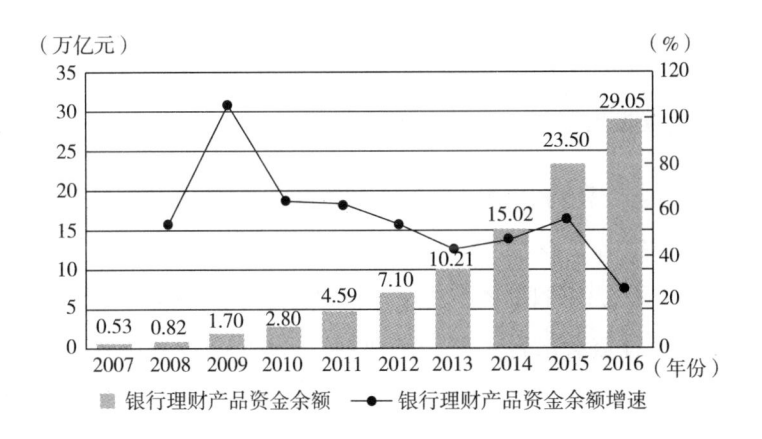

图 3-1 银行理财产品资金余额规模和增速

资料来源：Wind 数据库；2008 年数据来源于银监会。

为规避监管，商业银行借助理财产品吸收客户资金后，一般会以证券公司、信托公司及保险公司等金融机构为通道，利用信托产品及资产管理计划等金融产品将资金投向信贷、票据等资产业务。监管政策的变化带来了银行与其他金融机构之间合作形式的变化，先后经历了银信合作、银保合作、银基合作以及银证合作等主要合作形式。2008~2010 年，理财资金主要以银信合作为通道来规避监管，由此进行表外投资。根据普益财富和西南财经大学信托与理财研究所的统计，银信合作的发行数量从 2007 年的 634 只增长到

2009年的24565只，发行规模也从2007年的0.18万亿元迅猛增长到2009年2.46万亿元。

银信理财合作的发展又分为两个阶段。第一阶段是2008~2009年，信贷资产转让类银信合作理财产品快速增长，发行数量占银信理财产品的比重一度超过50%。但是由于2009年银监会发布了111号文件，信贷资产转让模式受到很大限制。第二阶段是2010年至今，信托贷款类银信合作理财产品迎来爆炸性增长。然而，2010年7月，银监会口头通知信托公司停止银信合作业务，8月，又出台了《关于规范银信理财合作业务有关事项的通知》，对银信合作进行全面的规范，随后陆续出台多项配合文件。监管套利空间的消失对信贷类银信合作模式产生很大冲击，银信合作的通道业务在2010年后风光不再。

3.1.2 迅速发展阶段，渠道业务多样化

2011~2013年，随着金融创新和金融市场的发展，银行与金融机构从单一的银信合作衍生出更多的合作方式，同时影子银行开始迅速发展。从资金来源的负债端来看，该阶段影子银行业务的资金来源仍依赖于发行银行理财产品。2012年，证监会出台了"一法两则"，即《证券公司客户资产管理业务管理办法》《证券公司集合资产管理业务实施细则》《证券公司定向资产管理业务实施细则》，鼓励券商发展资产管理业务，监管环境的放松带来了券商资管业务的全面发展。根据中国证券业协会（以下简称中证协）的数据，2011年底，证券公司受托管理资本金为2818.68亿元，到2012年底已增至1.89万亿元。证券公司的资产管理业务可分为定向资产管理、集合资产管理和专项资产管理，定向资产管理业务是银证合作的主要载体。根据投资标的不同，银证合作的通道类业务可分为不同模式，其中票据类、特定受益权类、委托贷款类和信托产品类占据主要地位[①]。银证合作在2012年的突飞猛进引起了监管层的注意。2013年，中证协发布《关于规范证券公司与银行合作开

---

① 高海红，高蓓. 中国影子银行与金融改革：以银证合作为例[J]. 国际经济评论，2014 (2)：118-132.

第3章 商业银行影子银行业务的兴起、特点与发展模式

展定向资产管理业务有关事项的通知》，规范银证合作行为。监管约束的逐渐加强，证券公司同质化竞争的日益激烈，使单纯通过券商资管通道业务进行银证合作的动机大幅削弱。

从最终标的的资产端来看，这一时期，以金融系统为实体经济融资主要方式的非标准化债权资产（简称非标资产）[①]成为银行理财资金主要的最终投资标的。从投资行业来看，该时间段内地方融资平台和房地产行业是非标资产的主要融资方，其原因是较高的回报率和政府隐性担保的存在。根据审计署的统计，2013年6月底，地方政府债务达17.89万亿元，其中地方融资平台的债务余额为6.97万亿元。在地方政府债务余额中，银行贷款的比重从2010年的79.01%下降到2013年6月的56.56%，这意味着银行贷款之外的其他资金比重的增加。

银监发〔2013〕8号文的发布，从资产端对理财资金通过通道业务的投资进行了全面限制，从总量上控制了理财资金投资非标资产的规模。2013年末，银行理财资金投资于非标资产的规模占到银行理财产品余额的27.49%，投资于地方融资平台和房地产业的理财资金分别下降了13.17%（364.99亿元）和1.44%（13.07亿元）。此后，通过理财资金投向非标资产受到了更加严格的限制，以至于通过同业科目腾挪资金来规避监管的方式成为2013年后的中国影子银行的主流模式。

以各类通道业务为中介，将理财资金投资于信贷等非标资产成为这一时期的最大特征（见图3-2）。总体而言，银信合作、银基合作、银证合作及银保合作等合作模式均具有"通道"性质，即作为吸收理财资金并投向标的资产的通道载体，主要是通过由非银行金融机构基于合作模式而设立的产品——信托或资产管理计划来实现的，而监管政策的变化导致了具体通道主体的不断演变。

[①] 根据银监发〔2012〕8号文的定义，非标资产即未在银行间市场及证券交易所市场交易的债权性资产，包括但不限于信贷资产、信托贷款、委托债权、承兑汇票、信用证、应收账款、各类受（收）益权、带回购条款的股权性融资等。

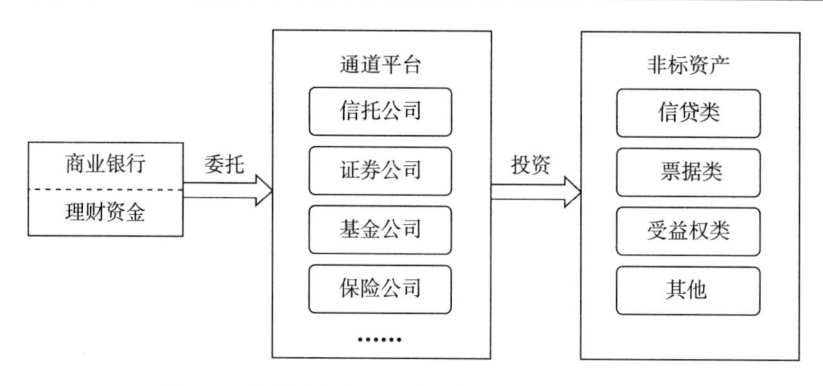

图 3-2 "理财资金—通道业务—非标资产"模式

3.1.3 业务发展日趋复杂，同业业务不断创新

2014~2017 年，影子银行业务发展日趋复杂，同业业务不断创新。随着银监发〔2013〕8 号文的出台，"理财资金—通道业务—非标资产"的模式面临严格监管，这大大阻碍了借助理财业务实现表外融资的路径发展，商业银行的影子银行业务只能进行不断地模式创新，将业务模式从表外转移至表内，由此银行同业业务成为 2013 年后影子银行业务发展的主要形式。同业业务[①]的演进过程如图 3-3 所示。

图 3-3 同业业务演变历程

3.1.3.1 同业代付业务

在 2014 年以前，同业代付业务是最主要的商业银行影子银行业务模式。最初同业代付业务作为贸易融资的重要手段，与真实的贸易紧密相连，但随

---

① 本书的同业业务采用狭义定义，仅指商业银行之间进行资金融通的各项业务。

着2011年以来银监会对票据业务和银信合作业务的监管日趋加强,同业代付作为票据业务重要替代品的这一重身份开始改变,脱离真实贸易背景,逐渐成为变相放贷的重要途径,成为传统信贷业务的又一种替代品。据估计,2011年中国的同业代付业务规模达1万亿元,相比下增长了约5000亿元。2012年8月,银监会发布了《关于规范同业代付业务管理的通知》①,压缩了同业代付业务的套利空间,致使该业务的发展规模在2012年下半年后逐渐萎缩,取而代之的是买入返售类金融资产业务。

3.1.3.2 买入返售类业务

买入返售(卖出回购)是指两家金融机构之间按照协议约定先买入(卖出)金融资产,再按约定价格于到期日将该项金融资产返售(回购)的资金融通行为。买入返售业务②涉及多方主体,结构链条复杂,通过各种承诺暗保、会计科目腾挪以及信托、券商等通道作用,将同业资金转化为信贷资金进行投放,从而达到规避监管的目的。信托受益权是买入返售业务的主要标的资产,最初兴起于解决银监发〔2013〕8号文颁布后所产生的非标资产存量问题,随后在实践中逐渐发展出两方协议、三方协议以及不断创新的甲丙方三方等模式。

商业银行的买入返售资产规模在2012年后开始增加,在银监发〔2013〕8号文发布后,买入返售资产业务得到广泛应用,在同业资产中的比重不断提高,2014年6月,16家上市银行的买入返售资产达到6.45万亿元的峰值,比2013年末增长20%,占到同业资产的53.8%。2014年5月,人民银行、银监会等五部委发布《关于规范金融机构同业业务的通知》(银发〔2014〕127号)。此后,除票据外的信托受益权等买入返售业务被叫停,通过买入返售业务投资非标资产的途径受到限制,导致买入返售资产规模不断收缩,银行不得不继续开辟新的同业渠道。

---

① 该文件要求委托银行应将同业代付记入贷款科目下,委托和代付银行之一要全额计提风险资本、占用拨备。

② 《关于规范金融机构同业业务的通知》(银发〔2014〕127号)中对"买入返售/卖出回购"的定义。

3.1.3.3 应收款项类投资

应收款项类投资是指银行利用自有资金持有的具有固定或可确定偿付金额，但没有公开市场报价的债权投资形式，标的资产既包括标准化资产，也包括非标准化资产。银发〔2014〕127号文导致通过买入返售业务投向非标资产的路径被打断，之后非标资产主要记在应收款项投资科目下①。

在2014年后，作为买入返售业务投资非标资产的替代性选择，应收款项类投资业务得到快速发展，其在总资产中所占的比重从2014年末的3.64%不断上升到2016年末的6.64%（见图3-4）。2014年兴起的应收款项类投资业务主要投资于理财产品、资产管理计划及信托受益权等非标资产②。大型国有银行的应收款项类投资主要投资于标准化资产，而其他股份制银行和城商行则以理财产品、信托受益权等非标资产为主。

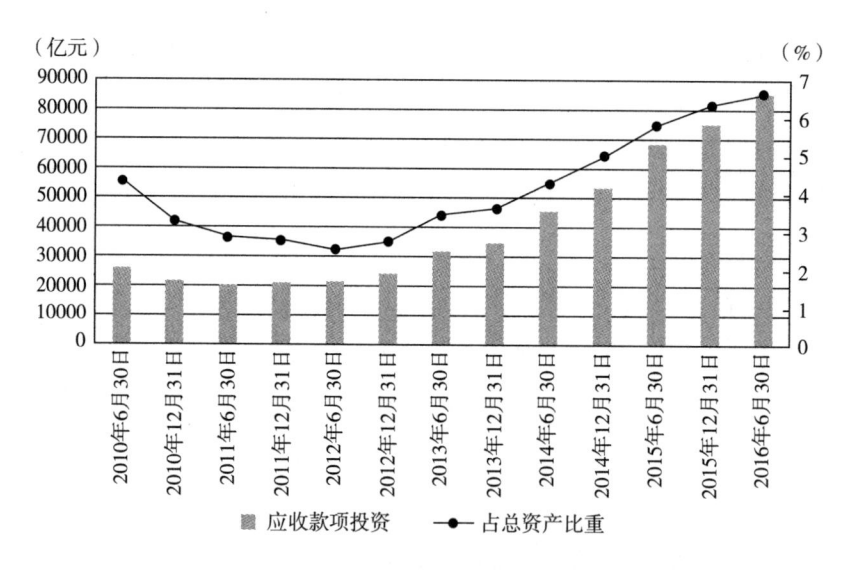

图3-4　16家上市银行的应收款项类投资规模

资料来源：Wind数据库。

---

① 银发〔2014〕127号文对应收账款的投资也有一定限制，要求同业投资不得接受或提供任何第三方担保，另外非标类资产应计提的风险权重从买入返售项下的20%~25%上升至应收款项类投资的100%。

② 理财产品、资产管理计划及信托受益权等非标资产，在银发〔2014〕127号文中被定义为同业投资。

3.1.3.4 同业存单、同业理财构成的同业链条

在 2014 年后，同业存单及同业理财业务的兴起促进了银行资金来源的多样化，同业业务进入创新高峰期。同业业务把银行同业之间、银行和非银行金融机构之间紧密联系起来，形成了不断延长的同业链条，并借助委外投资业务等将资金最终投资于标准化资产。在这一时期内，同业存单和同业理财成为了最关键的业务和产品。

同业存单（NCD）是一种记账式定期存款凭证，由银行等存款类金融机构在全国银行间市场上发行，它既是一种典型的货币市场工具，也是金融创新的产物。2013 年 12 月，中国人民银行发布《同业存单管理暂行办法》，标志着同业领域中的大额可转让定期存单业务重新启动。同业存单具有电子化、透明度高、流动性强及安全性高等优势，是同业存放业务的线上"标准化"形式。

作为这一时期同业链条中的核心业务，同业理财业务主要依靠银行自营资金来提供资金来源。现实中也存在银行间利用银行理财资金相互购买对方理财产品的情形，这种理财资金的相互持有易造成理财资金在银行系统内部的空转，而脱离实体经济。随着同业业务的兴起，以 2013 年为界，银行理财业务经历了从以个人理财业务为主转变到理财与同业业务相互交织的同业理财业务为主，后者自 2015 年以来出现爆炸式增长。如图 3-5 所示，截至 2016 年 6 月底，同业理财的资金余额达 4.02 万亿元，占理财资金总额的比重从 2014 年初的 4.1% 上升至 15.3%；与之相对应的是，个人理财占比则从 61.4% 下降至 48.4%。与同业存单一样，股份制银行、城商行等中小银行是同业理财快速增长的主力军。由于同业理财具有批发性质，通常发行规模大且对价格敏感，中小银行往往通过提供隐性担保的方式募集源于大型商业银行的大量理财资金。

从 2015 年开始，银行的委外投资业务出现迅速发展的势头。究其原因，可能是中小银行普遍缺乏资产管理能力，只能将资金委托给外部专业机构进行管理。债券市场发展起来以后，银行为了提高财务杠杆以获取更多投资收益，纷纷采用委外投资业务来实现这一目的。申万宏源的一份研究报告显示，2015 年包括理财资金和自营资金两部分的委外投资业务规模约为 16.69 万亿

元。从业务实施主体来看，开展委外投资业务的一般都是银行等存款类金融机构，尤其是股份制上市银行和城商行①。从接受委外投资业务的委外机构来看，证券公司的资产管理计划是银行最主要的合作对象，其次是基金公司。此外，自2015年下半年以来，存款性公司对其他金融机构的债权规模急剧上升，这也从侧面反映了委外投资的规模增长。

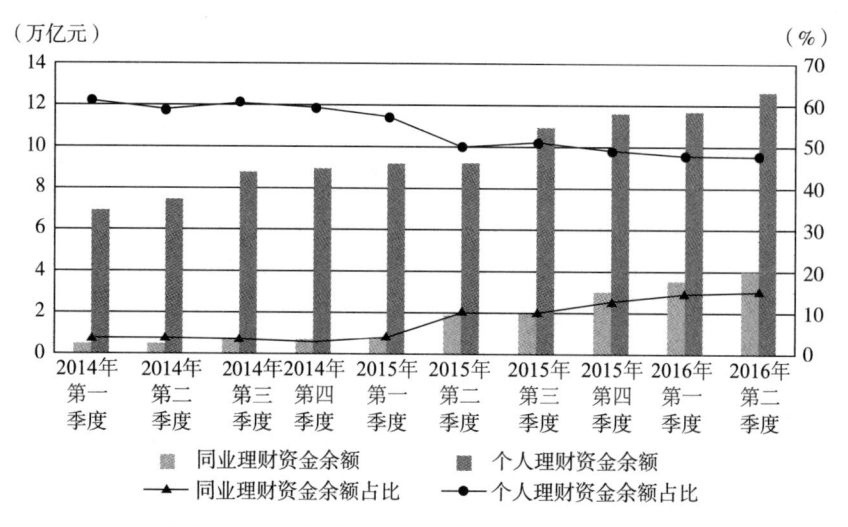

图3-5　2014年以来同业理财与个人理财发展对比

资料来源：Wind数据库。

从最终标的资产端来看，影子银行业务的资金投向由非标准化资产向债券等标准化资产转变。2013年后，中国经济增速放缓，导致信贷类基础资产的收益率逐渐走低，同时，银行体系资金投向非标准化资产的业务操作也面临着日趋严格的监管。在2014年下半年至2015年上半年，股票市场迎来牛市，银行理财等资金通过各种结构化证券产品等投向股市，之后的股市震荡导致银行资金向债券市场转移。理财资金投向债券及货币市场类资产的比重在2013年后直线上升，而非标资产投资则呈现出明显下降的趋势（见图3-6）。2016年，仅理财资金投资债券类资产的比重就达43.76%，债券市场成为理财、同业等影子银行资金最主要的标的资产。

---

① 资料来源：孟祥娟于2016年4月发表的《委外规模测算及去杠杆影响分析》。

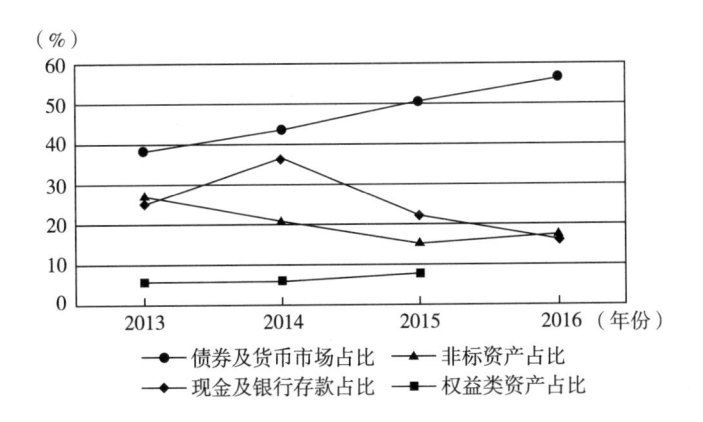

图 3-6　2013~2016 年理财资金投资资产分布

这一时期影子银行业务发展的最大特征是同业业务的创新。在 2014 年之前，商业银行将资金投向非标资产主要是通过同业代付、买入返售等方式来实现，达到变相投放信贷的目的。2014 年后，一方面非标基础资产收益率下降，另一方面银发〔2014〕127 号文的出台强化了对同业业务的全面监管，在这一背景下，商业银行转向了应收款项类投资业务，以此来实现对非标资产的投资，然而这已不是主要的资金流向。同业存单业务和同业理财业务兴起后所形成的"同业链条—委外投资—标准化资产（债券市场）"模式成为 2014 年后的主导型模式（见图 3-7）。

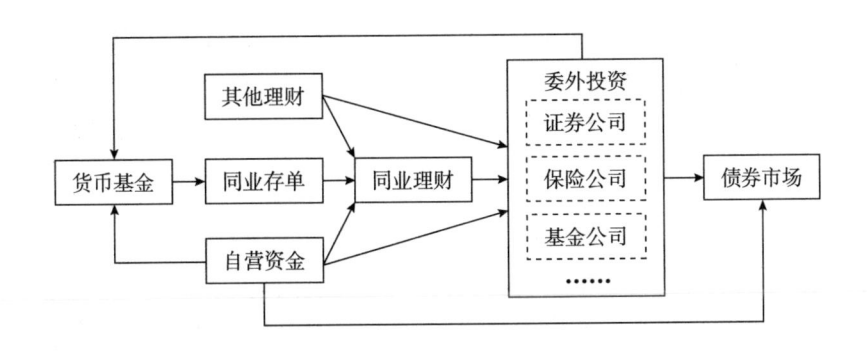

图 3-7　"同业链条—委外投资—债券市场"模式

3.1.4 强化监管，影子银行业务开始收缩

2017年7月14日，习近平总书记在第五次全国金融工作会议上指出："防止发生系统性金融风险是金融工作的永恒主题。把主动防范化解系统性金融风险放在更加重要的位置，科学防范，早识别、早预警、早发现、早处置，着力防范化解重点领域风险，着力完善金融安全防线和风险应急处置机制。"针对影子银行问题，2018年4月，中国人民银行会同有关部门，坚持底线思维和问题导向，制定出台了《关于规范金融机构资产管理业务的指导意见》（以下简称资管新规）。资管新规对资管产品实行统一分类，切实打破刚性兑付，禁止资金池模式运作，推动不同资管产品平等准入，明确不同资管产品的负债和分级杠杆要求，强化金融机构勤勉尽责义务和风险防控能力，在各方面统一标准规制，压缩套利空间，严控风险传递。

资管新规在认定合格投资者、打破刚性兑付、去除资金池运作、解决多层嵌套、抑制通道业务等方面提出了明确要求，提高了影子银行活动的参与门槛，降低了影子银行业务的预期收益，从而降低了企业参与影子银行活动的动机和能力。资管新规实施以来，不规范的影子银行业务得到初步遏制，有效压缩了影子银行规模，银子银行风险得到了有效化解，金融乱象得到初步治理。

经过两年的专项治理，影子银行野蛮生长的态势得到有效遏制。截至2019年末，广义影子银行规模降至84.80万亿元，较2017年初100.4万亿元的历史峰值缩减近16万亿元。风险较高的狭义影子银行规模降至39.14万亿元，较历史峰值缩减了12万亿元。其中，复杂结构的交叉金融业务大幅压缩，同业理财从6.8万亿元降至0.84万亿元，同业特定目的载体投资从23.05万亿元降至15.98万亿元。影子银行不仅规模大幅压缩，更重要的是经营开始变得规范，结构更加简化，资本拨备开始计提，系统性风险隐患大为减弱，同时也为抗击新冠肺炎疫情、复工复产的各项金融政策措施腾挪出空间，特别是为逆周期宏观调控创造了有利条件。

3.2 中国影子银行业务的特点

通过梳理中国影子银行业务的发展历程，可以看到，中国影子银行业务不同于美国模式（以资产证券化为核心），其本质仍是类信贷业务，具有融资功能，实现资金在不同主体间的调配，是典型的信贷中介主导模式，具有自身的独特性，相应地其运行模式也与美国资产证券化模式有所不同。

3.2.1 以商业银行为核心

我国银行业资产一直占金融业总资产的90%左右，这决定了我国是以银行为主导的间接融资体系。这一间接融资体系决定了中国影子银行体系以银行为核心，表现为"银行的影子"。银行业庞大的资产规模，决定了影子银行业务的资产端和负债端均与商业银行密切相关。从负债端来看，商业银行是影子银行业务所需资金的主要提供方。以基金公司为例，其私募资管业务一半以上的资金均来源于银行，而资金信托业务40%以上的资金完全依赖于商业银行。从资产端来看，影子银行业务的客户绝大部分是商业银行的客户，其实质为通道业务。可见，中国的影子银行业务具有"银行中心化特征"。发达经济体的影子银行以共同基金、货币市场基金等非银行金融机构为核心，资金较少直接来源于银行体系。2019年底美国共同基金受托管理资产规模为17.7万亿美元，与联邦存款保险公司所有参保银行18.65万亿元总资产规模基本相当。

在中国的影子银行活动中，商业银行是影子信贷中介的关键参与者。它们是正规银行系统和影子银行系统中基金供应商和借款人之间的主要纽带。商业银行通过发行影子银行工具，如理财产品（WMP），引导投资者为其他影子银行实体（如信托公司）提供资金和流动性。中国的各类商业银行都积极直接参与影子信贷中介，尤其是较小的股份制商业银行和城市商业银行。

在这一过程中，它们在影子银行活动中和实体之间建立了密切的联系。银行发行的 WMP 很大一部分收益被用于信托产品，而商业银行持有信托产品收益的参与权。除直接参与外，商业银行还以各种方式促进影子信贷的发生。例如，由于非金融企业之间的直接贷款在法律上不允许，商业银行就充当了企业之间所谓委托贷款的受托人和中间人。受托银行收取本息和手续费。在此过程中不承担信用风险，或通过所谓的委托权吸收部分信用风险（Chen 等，2016）。

3.2.2　为服务不足的部门提供替代储蓄工具和信贷支持

商业银行通过"绕科目"放贷等形成的业务体系是影子银行业务的关键组成部分（万晓莉等，2016）。影子银行是银行主导的类信贷活动安排，旨在为实体经济提供信用（孙国峰和贾君怡，2015）。我国影子银行是对传统银行贷款业务的转移、替代或延伸（周莉萍，2012a；祝继高等，2016），但改变不了其"信贷"本质（裘翔和周强龙，2014），因此，中国影子银行在提供替代性储蓄工具和向较不享有正式银行信贷特权的私营公司提供中介资金方面发挥了重要作用。

替代型影子储蓄工具（如 WMP、信托产品等）和委托贷款之所以能从正规的银行存款体系中转移家庭和企业储蓄，主要源于以下两大因素：一是低存款利率上限（Dang 等，2014）的存在（2015 年 10 月才取消），使影子银行工具能让银行绕过上限，获取更高的收益率；二是社会资金需求规模的不断扩大，使储蓄者对高收益储蓄产品的需求不断增长，推动了影子储蓄工具的兴起，且这些工具通常被认为是安全的（Dang 等，2014）。即使在 2015 年 10 月全面放开银行存款利率之后，影子储蓄工具仍在继续支付明显高于银行存款的溢价。

从传统来看，由于大型国有银行更愿意贷款给大型国有企业，而中小型企业则难以进入正式信贷市场（Hale 和 Long，2010；Lu 等，2015；Tsai，2017）。银行对大型国有企业的偏好反映了历史关系和歧视性融资待遇，潜在的更有生产力的私营企业则面临严重的融资约束，而影子信贷中介填补了这一缺口。私营企业生产率通常高于国有企业,影子银行为私营企业提供信贷,可能带来直接的经济效益。私营企业获取影子信贷资金,一般主要通过信托贷款和委托贷款两种形式。委托贷款的驱动因素是许多公司有多余的储蓄供其支配,特别是大型国有企业,由于其自身优势能更容易地获得银行信贷和更好的贷款条件,由此,有足够的条件向其子公司和合作伙伴提供贷款。

3.2.3 与非银行金融机构联系紧密

作为影子信贷中介,商业银行和影子银行实体之间的联系日益紧密,而且与非银行类金融机构、金融市场等均产生了密切的联系。如 WMP 的大部分收益已投资于债券市场。这是 WMP 监管的预期结果,规定至少 3/4 的 WMP 基础资产必须由所谓的标准化债务工具组成,包括银行存款、货币市场工具和债券。WMP 为散户投资者投资债券提供了有效的渠道,因为直接进入银行间债券市场仅限于金融机构。

发行 WMP 的收益也会流向非银行机构,比较典型的如信托公司、银行投资或财富管理部门,由此脱离了银行的资产负债表。非银行机构依次将资金投资于货币市场工具以及债券,包括银行存款。由此产生的银行、影子储蓄工具和债券市场之间的联系实际上限制了中国监管机构中债券市场的多元化作用,限制了其在银行贷款受损时支持信贷供应的潜力(Chan 等,2012;De Fiore 和 Uhlig,2012)。

影子信贷中介业务近年来蓬勃发展,随着银行应收款项类投资业务的出现,其业务形式日趋复杂。应收款项类投资业务从商业银行的资产业务中分离出来,使影子银行实体与金融体系之间的联系更加紧密,业务日益复杂化,透明度大大降低。一方面,银行的信贷风险敞口通常会转移到信托公司或其资产或财富管理部门;另一方面,作为回报,银行通过 TBRs 和直接资产管理产品(DAMPs)获得相关贷款或债务证券的利润、损失的完全参与权。信贷风险敞口有时也会通过理财产品在银行间转移,其中 TBRs 或 DAMPs 作为基础证券。

3.2.4 复杂性不断演进

信贷中介主导模式的中国影子银行不如资产证券化主导模式的美国影子银行复杂，因为它涉及的实体类型较少，信贷中介步骤也较少。前者实际上是以"普通"贷款或传统性金融工具为基础，而这些"普通"贷款或传统性金融工具与其相应的债务工具的收入存在一一对应的关系。相比之下，美国典型的影子信贷中介过程涉及 7 个步骤和大量金融实体（Adrian 和 Ashcraft，2016）。

中国影子银行的业务模式以通道模式和同业模式为代表（孙国峰和贾君怡，2015）。通道模式是指商业银行通过与证券、信托、保险和基金等非银行金融机构合作，借助后者的通道将资金转移至表外，绕道为目标客户提供融资的运作模式。同业模式是指商业银行通过同业理财、同业存单、同业拆借及同业代付等同业业务向其他商业银行或非银行金融机构融出资金，然后由后者为客户提供融资的运作模式。通道模式和同业模式在业务形式和套利行为上具有相似性，其业务过程都相对比较简单，涉及的交易主体比较有限。然而，影子储蓄工具与债券市场之间的紧密联系，以及结构性影子信贷中介的新形式，均表明中国的影子银行业务模式正变得越来越复杂。

3.2.5 存在刚性兑付或隐性担保

虽然影子信贷中介无法获得中央银行流动性，也无法从存款保险保护中获益，但中国的影子银行工具得到了隐含和明确担保的支持。在中国，投资者及整个金融市场都有一种预期，认为当具有系统重要性的金融机构尤其是商业银行陷入困境，政府会实施救助行为，这种预期等于为投资者和债权人提供了隐含担保。在美国，基于市场的金融工具高信用评级在 GFC 之前给人一种虚假的安全感，此外，银行和其他金融机构明确地向发行这类工具的特殊目的实体提供有条件的流动性安排。

由于中国的影子银行活动是由商业银行推动的，因而，WMP 或其他影子银行信贷产品的购买者通常认为，一旦出现违约事件，其分销银行会为投资者提供补偿。事实上,银行没有这样的法律义务,因为合同中明确排除了对签发实体的任何追索权。不过,政府在维护金融市场和社会稳定方面公认的优先地位,都助长了人们对银行隐性担保的看法。如果涉及国有银行,客户可能会认为这些产品最终得到了政府担保的支持。在竞争日益激烈的市场环境下,商业银行有动力鼓励并默认这种假设。此外,本身信用担保公司就为中国广泛的影子银行业务活动提供了明确的担保。虽然这些公司帮助较小和新成立的企业进入信贷市场,但它们也造成了不透明的金融相互依赖。信用担保公司往往受到相关机构的监管。

3.3 商业银行影子银行业务的发展模式与规模测度

3.3.1 商业银行影子银行业务的发展模式

为了规避金融监管,创造更多的利润,商业银行需要绕过传统存贷业务以规避金融监管,利用资产负债表内外的其他项目进行业务创新,并通过与非银行金融机构开展合作来达到信用扩张的目的。监管政策的不断变化推动着商业银行影子银行业务不断变换其表现形式。在现有的监管政策下,商业银行影子银行业务主要以买入返售类金融资产业务和应收款项类投资业务为代表,因其业务种类形式多样、隐蔽能力较强、受到监管的针对性不强等特点,被商业银行广泛采用(祝继高等,2016;马德功等,2019)。本节从资金端、资产负债端、渠道端与资产端四个层面来梳理商业银行影子银行业务的运行逻辑(见图3-8)。

3.3.1.1 资金端

就资金来源而言,商业银行影子银行业务的资金来源于居民、机构存款以及中央银行的货币投放。进一步来看,上述负债型资金主要通过商业银行的

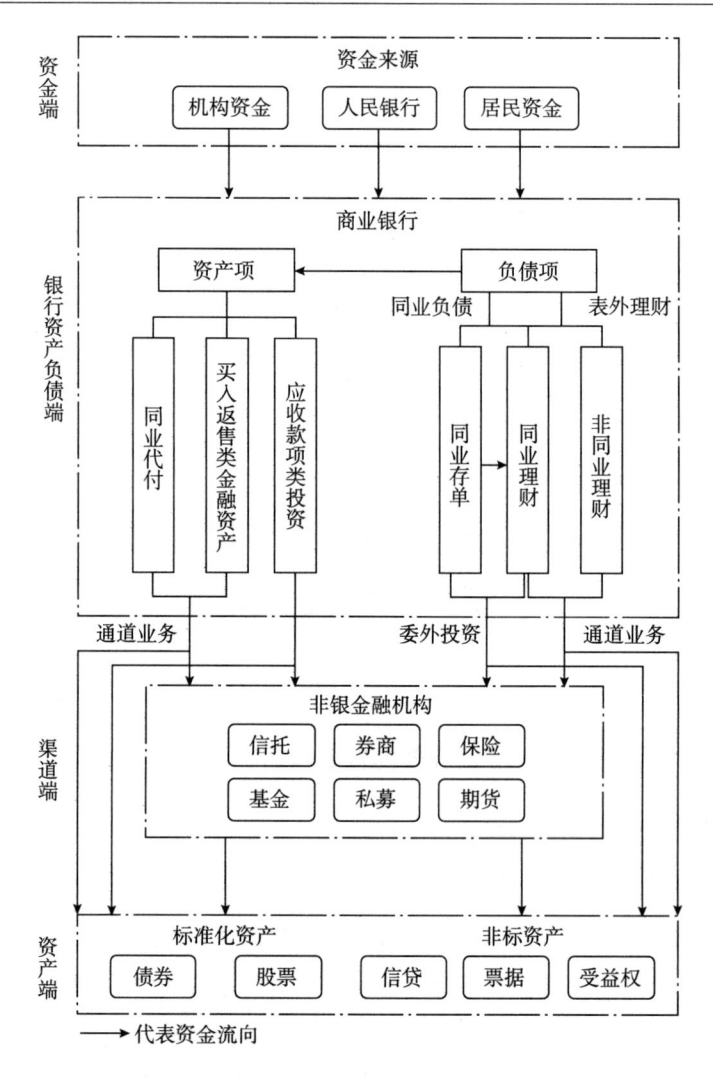

图 3-8 商业银行影子银行业务的运作模式

表外理财和同业负债等业务进入商业银行的影子银行体系中，其中银行同业业务是向影子银行体系提供资金的最主要途径之一。

3.3.1.2 银行资产负债端

当社会资金进入影子银行体系后，会反映在商业银行的报表科目中（肖崎和阮健浓，2014）。其中，负债方有三个科目，即同业理财、同业存单及非同业理财；相应地，资产方也有三个科目，即同业代付、买入返售类金融资产及应收款项类投资。

近年来，商业银行资产项下的同业业务发展迅速，特别是买入返售类金融资产业务。监管政策的不断出台，促使商业银行在同业业务的形式上不断创新，也使同业业务逐渐演变成"类贷款业务"。以商业银行和信托公司合作的买入返售类金融资产业务为例，如图3-9所示，商业银行通过同业业务向信托公司等金融机构融出资金，转而借助信托公司等通道机制间接向企业发放贷款，完成了信贷的发放。在图3-9所示的商业银行影子银行业务中，作为资金提供方的银行A是该业务的研究对象，银行A通过通道银行B向信托公司等金融中介提供资金，信托公司等金融中介拿到资金后再将资金贷给如房地产企业、地方融资平台等特定融资需求方。根据外部监管的相关规定，通道银行B不能直接对出售给银行A的信托计划或信托受益权提供担保回购，而需由另外一家银行C提供远期回购承诺。在这一业务链条中，银行A获得的信托受益权属于同业业务，在银行A的资产负债表中体现为买入返售类金融资产，不属于传统贷款，因此不影响银行A的贷款额度和存贷比，也不受国家宏观调控对贷款的相关限制，同时银行A不直接承担贷款风险，而由提供担保的回购银行C直接承担贷款风险。贷款风险的主要承担方银行C将从事该项业务所获取的收入计入中间业务收入。

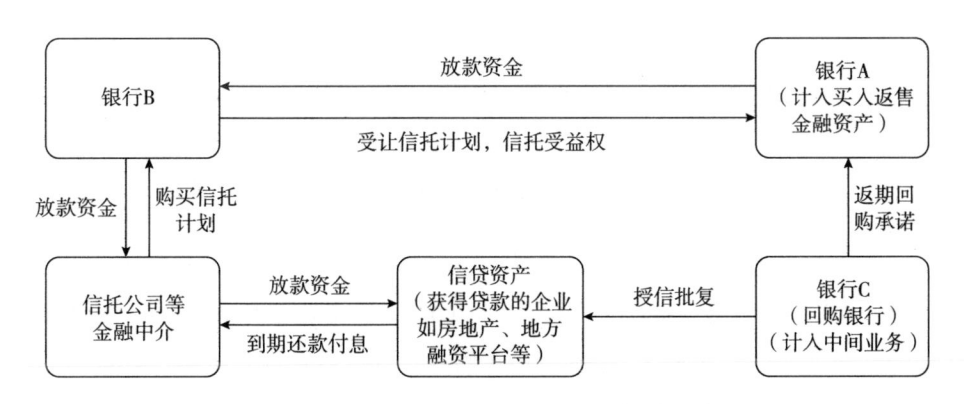

图3-9 商业银行的买入返售类金融资产业务

资料来源：由《中国信托业发展报告2012》、中国银行《金融机构新型同业业务情况汇报》、肖崎和阮健浓（2014）和Li等（2014）资料总结所绘。

应收款项类投资模式是指限于监管要求，商业银行为了减少信贷业务，转而购买资产管理计划受益权、信托受益权或委托贷款受益权等，并将其放在资产负债表内应收款项类投资科目下，以此隐蔽地直接参与影子银行业务的一种运作模式。应收款项类投资科目主要用于持有影子银行资产，向信托公司等金融机构融出资金，通过延长信贷链条绕过金融监管，最终为企业提供信贷支持。

3.3.1.3 渠道端

同业业务是银行以金融同业机构作为业务对象，以同业资金融通为核心的各种业务总称。同业业务在渠道端的具体表现就是使信托、券商、基金等非银金融机构成为商业银行和标的资产之间的桥梁，被动或主动地发挥着资产管理功能，通过结构化、加杠杆等方式提高了最终的投资收益率。在商业银行与上述非银金融机构之间，资金的流动主要是借助通道业务和委外投资来实现。

3.3.1.4 资产端

从资产端来看，非标资产和标准化资产是理财资金和同业资金的最终投资资产，在不同时期内，影子银行业务的资金投向有所不同，会在非标准化资产和标准化资产之间流动。这种流动主要由资产收益率以及监管强度的差异导致。商业银行的影子银行业务是一种监管套利行为，所以其具体表现形式在不同阶段会有所不同，资产收益率的变动驱使着资金在标准化资产和非标准化资产之间流动。

3.3.2 中国影子银行业务的规模测度

在众多的关于影子银行业务定义和特征的阐述中，金融稳定理事会（FSB）给出的定义比较权威。它指明影子银行是金融创新与规避监管共同作用的产物，具有与传统银行类似的信用转换、期限转换以及流动性转换功能，且不受传统银行业监管框架限制。但由于各国金融结构、金融监管环境和金融市场发展阶段的不同，影子银行业务的表现形式也各不相同。就中国的影子银行业务而言，其最大的特征就是以商业银行为核心，因此，本书中的影子银行业务特指商业银行所从事的影子银行业务。商业银行的影子银行业务是指银行以其他机构为通道,将信贷资产转移至表外或伪装为表内其他资产,为无法获得银行贷款的企业和机构提供的"类贷款"业务(裘翔和周强龙,2014;祝继高等,2016)。从本质上来讲,商业银行的影子银行业务是基于监管套利而进行的资本运作,具有典型的"体系内"和"类信贷"特征。在当前的监管政策下,商业银行影子银行业务主要体现在买入返售类金融资产业务和应收款项类投资业务两项业务上,因其业务种类形式多样、隐蔽能力较强、受到的监管针对性不强等特点,成为了商业银行影子银行业务的主要表现形式(Rao等,2015;祝继高等,2016;马德功等,2019)。基于此,本章将买入返售金融资产和应收款项类投资的期末余额之和在银行总资产中的占比来衡量商业银行影子银行业务(shadow)的相对规模,即

shadow=(买入返售金融资产+应收款项类投资)/银行总资产　　　(3-1)

3.3.2.1　买入返售金融资产

买入返售(卖出回购)是指两家金融机构之间按照协议约定先买入(卖出)金融资产,再按约定价格于到期日将该项金融资产返售(回购)的资金融通行为。买入返售业务往往涉及多方主体,结构链条复杂,通过各种承诺暗保、会计科目腾挪以及信托、券商等通道作用,将同业资金转化为信贷资金进行投放,从而达到规避监管的目的。信托受益权是买入返售业务的主要标的资产,最初兴起于解决银监发〔2013〕8号文颁布后所产生的非标资产存量问题,随后在实践中逐渐发展出两方协议、三方协议以及不断创新的甲丙方三方等模式。

商业银行的买入返售资产规模在2012年之后开始增加,在银监发〔2013〕8号文发布后,买入返售资产业务得到广泛应用,在同业资产中的比重不断提高,2014年6月,16家上市银行的买入返售资产达到6.45万亿元的峰值,比2013年末增长20%,占到同业资产的53.8%。2014年5月,人民银行、银监会等五部委发布《关于规范金融机构同业业务的通知》(银发〔2014〕127号)。此后,除票据以外的信托受益权等买入返售业务被叫停,通过买入返售业务投资非标资产的途径受到限制,这导致买入返售资产规模

不断收缩，银行不得不继续开辟新的同业渠道。

但是买入返售金融资产这种业务流程还存在着较大的风险，首先，牵涉的金融机构较广，因为一家商业银行可以和多家信托公司合作，而每条业务线上又牵涉多家银行，一旦资金链出现问题，那么各家银行都有可能会面临损失；其次，买入返售金融资产有着严重的期限错配问题，容易引发兑付危机；最后，因为同属于银行的表外业务，有着规避监管的作用，那么自然也就存在着信息不透明的问题，有可能会产生操作风险、道德风险。因此，买入返售金融资产给银行带来的正向作用可能要小于其负面作用。

3.3.2.2 应收款项类投资

应收款项类投资是指银行利用自有资金持有的具有固定或可确定偿付金额，但没有公开市场报价的债权投资形式，标的资产既包括标准化资产，也包括非标准化资产。银发〔2014〕127号文的颁布导致通过买入返售业务投向非标资产的路径被打断，非标资产之后主要记在应收款项投资科目下。

在2014年之后，作为买入返售业务投资非标资产的替代性选择，应收款项类投资业务得到快速发展，其在总资产中所占的比重从2014年末的3.64%不断上升到2016年末的6.64%。2014年兴起的应收款项类投资业务，主要投资于理财产品、资产管理计划及信托受益权等非标资产。大型国有银行的应收款项类投资主要投资于标准化资产，而其他股份制银行和城商行则以理财产品、信托受益权等非标资产为主。

应收款项类投资的运作模式和资产证券化业务类似，总的来说，就是银行将传统的直接贷款通过中介通道包装成金融投资产品进行新的资产配置，这类资金往往流向一些信托业务，或者是类似同业拆借用来购买其他商业银行的理财产品等。应收款项类投资之所以能够发展是因为理财产品等银行可以盈利的项目受到越来越严格的管制，加上利率市场化的影响，银行只得探寻新的业务。而应收款项类投资最大的优点是银行将资金投资于其他金融机构的金融产品，可以享受信用增级，让自己的不良资产转变为优质资产，提高资本的利用率。应收款项类投资当然也存在潜在的风险，正因为可以帮助银行提高不良资产的信用等级，所以也就在一定程度上掩盖了银行对于最后贷款人真实的风险问题；这一系列操作也使各个金融机构之间互相关联，导致了各自的信用增级，掩盖了风险。另外，应收款项类投资和其他业务一样，也具有复杂的结构，且牵涉的机构较多，一旦资金链出现问题，将通过同业业务等渠道传播开来，给金融体系带来潜在的安全隐患。

第4章 商业银行影子银行业务与银行违约风险

中国影子银行体系自2008年以来取得快速发展，成为现有金融机构体系中不可忽视的力量。利润驱动和规避监管是推动中国影子银行快速发展的两大原动力。一方面，利润驱动是影子银行发展的基本动因。由于中小型企业的经营波动性大，而银行正规信贷渠道的贷款标准要求较高，这种信贷歧视使得中小型企业难以从商业银行传统业务中直接获得贷款，其具有较强的动机通过其他渠道获取信贷支持，如影子银行业务渠道。同时，利率市场化的发展改变了商业银行传统的盈利模式，存贷利差的利润空间不断压缩，不再是商业银行主要的收入来源，迫使银行积极开拓业务渠道，通过发展影子银行业务以提高收益。供给与需求双方力量共同作用，催生了影子银行体系的快速发展。另一方面，监管套利是中国影子银行产品创新的出发点。我国商业银行的信贷投放受到存贷比、资本充足率及风险资本计提等一系列监管指标的限制，当中小型企业投资需求增加且货币政策较为宽松时，充足的资金供给使得银行有动力绕过监管、从其他渠道发放贷款，从而推动了影子银行业务的发展。截至2019年底，中国广义影子银行规模为84.80万亿元，占2019年国内生产总值的86%，相当于同期银行业总资产的29%。

不同于以资产证券化为主的国外影子银行体系，我国影子银行业务具有以下三大特征：一是以商业银行为核心，具有非常典型的"银行中心化"特点。绕过传统存贷业务，商业银行借助资产负债表内外的其他项目进行业务创新,并通过与非银行金融机构开展合作来达到信用扩张的目的(许友传,2018;刘红忠等,2019)。银行资产负债表内外具有信用中介功能的业务或产品构成影子银行的主体。二是影子银行业务为服务不足的部门提供替代储蓄工具和信贷支持。一方面,中国影子银行体系通过 WMP(理财产品)、信托产品和委托贷款等替代性储蓄工具转移了家庭和企业存款,使其脱离了正规的银行存款,获取了更高的收益;另一方面,影子银行业务通过信托贷款、委托贷款等方式,为中小型企业、私营企业提供了信贷支持,缓解了其融资约束(孙国峰和贾君怡,2015)。三是影子银行业务的复杂性仍然有限,但在不断演进。中国的影子银行不如美国复杂,因为它涉及的实体类型较少,信贷中介步骤也较少。一般情况下,影子信贷中介在中国是一个一步或两步的中介过程,因为它实际上是建立在普通贷款工具基础上的,这些贷款工具需要一对一地与基础债务工具的收入挂钩。

由此可见,尽管我国影子银行体系中的载体包括商业银行、信托公司、证券公司及财务公司等众多机构,但无论在发行数量还是交易金额上,商业银行都远大于其他金融机构,是影子银行业务的主体。本章正是在这一背景下,从中国影子银行体系的主要行为主体——商业银行这一微观主体出发,分析其影子银行业务的开展对银行违约风险的影响。本章在充分借鉴国内外影子银行体系研究的基础上,将我国商业银行内部所开展的影子银行业务作为研究内容,重点分析两类业务,即买入返售金融资产业务和应收款项类投资业务,探究其运行过程中对商业银行自身风险造成的影响,提出了相关假设,并以2011~2020年我国A股上市银行的相关数据构建面板模型进行实证分析,考察商业银行开展影子银行业务是提升了银行违约风险还是降低了银行违约风险。本章贡献在于,一是以影子银行体系的微观主体——商业银行为研究视角,分析其影子银行业务的风险,在核算影子银行规模时基于"类贷款"视角来核算影子银行业务规模,没有考虑规模占比较大的银行理财产品部分,但纳入了规模逐年增大、"异化"的银行同业之间的投资,即应收款项类投资。二是揭示了商业银行开展影子银行业务对银行违约风险的影响是正向的,即影子银行业务规模越大,银行违约风险越高,且这种提升效应会随上市银行规模以及货币政策的变化而有所改变。三是从杠杆率和净息差收益两个层面分析了商业银行影子银行业务提升银行违约风险的作用机制。

4.1 理论分析与研究假设

2008年世界金融危机后，对影子银行的研究日益增多。在国外，影子银行是指不受或少受监管、高杠杆经营、以金融衍生品而从事的信用转换活动（IMF，2014；Bengtsson，2013），因此，国外文献主要集中于研究各国影子银行的现状及特征（Bengtsson，2013；Li等，2014）、传统银行拓展影子银行活动的监管套利动机（Plantin，2015；Górnicka和Lucyna，2016），以及影子银行活动对货币政策的影响（Chen等，2016）。而无论是从机构视角、功能视角还是监管视角来审视中国影子银行活动，其都具有跟国外影子银行相比截然不同的特征。中国影子银行活动的主导者是银行，银行通过复杂交易结构设计、会计记账调整等将信用活动隐藏在表内投资科目或表外项目中，试图以隐性方式创造或转移信用（孙国峰和贾君怡，2015；万晓莉等，2016；王家华等，2017）。围绕着中国影子银行，国内文献主要探讨了中国影子银行的影响因素（胡利琴等，2016；万晓莉等，2016；王家华等，2017）、影子银行规模的估算（刘煜辉，2013；孙国峰和贾君怡，2015；王永钦等，2015），以及影子银行活动的影响（毛泽盛和万亚兰，2012；李向前等，2013；王振和曾辉，2014；裘翔和周强龙，2014；许少强和颜永嘉，2015；李向前和孙彤，2016；李建强等，2019）等。本章正是从中国影子银行的主导者——商业银行这一微观主体视角，剖析其影子银行业务对银行违约风险的影响，并分析其中的作用机理。

监管套利动机下开展的影子银行业务之所以能得到迅猛发展，就是因为其给相关利益主体带来了丰厚的收益。同时，影子银行业务与商业银行的高度关联性决定了其行为必然影响商业银行的违约风险水平。影子银行业务的出现改变了商业银行传统的经营模式、业务性质，有助于提高银行盈利能力（Pozsar 和 Singh，2011）；作为银行竞争的市场化产物，影子银行在客观上能够促进银行体系的协同发展，提升资源配置效率（巴曙松，2013）。由此可见，作为监管套利的选择之一，商业银行从事影子银行业务能够有效缓解传统信贷规模受限产生的不良影响，增加商业银行的收入来源。

另外，影子银行业务的高杠杆性及期限错配特征，决定了其本身较高的风险性，其风险溢出效应会增加商业银行的违约风险，为此，需加强监管（Irani 等，2021）；我国影子银行业务在扩大商业银行贷款规模的同时，抬高了企业的融资成本和还款付息压力，再加上商业银行需对理财产品提供刚性兑付的隐性担保（张磊，2008），因此，商业银行需承担高贷款规模和高贷款利率带来的坏账风险和期限错配的流动性风险，最终体现为银行经营业绩和偿付能力的波动（孙浦阳等，2011；陆晓明，2014）。周莉萍（2012b）认为，影子银行体系的信用创造存有缺陷、具有内在不稳定性；肖崎和阮健浓（2014）通过对具体的商业银行同业业务操作模式分析后得出，同业业务弱化了监管，容易因自身的期限错配引发流动性风险，并引发系统性风险；祝继高等（2016）的研究认为商业银行从事影子银行业务会加剧经营性风险，并且降低银行总资产收益率；郭晔和赵静（2017）基于上市银行微观数据研究发现，影子银行业务显著增强了银行的存款竞争与银行系统风险的关系；庄子罐等（2018）研究发现影子银行业务的出现会增加我国信贷市场的不稳定性，并会扩大经济波动的幅度。

在双重效应叠加下影子银行业务对银行违约风险究竟呈现出怎样的影响？从本质上来看，我国商业银行的影子银行活动是类信贷活动，银行同时从事传统银行活动和类信贷影子银行活动，其中传统银行活动记载于资产负债表内的贷款及垫款科目，而类信贷影子银行活动记载于表内投资或同业科目，其具有与表内传统信贷资产相似的信用风险触发机制（刘煜辉，2013；李建军和薛莹，2014）。为了促成相关业务和进行监管套利，银行和特殊目的载体签订远期回购协议、委托他人代持及提供隐性担保等，进而将底层资产的信用风险"留置"在银行体系内。当类信贷影子银行活动的底层资产风险暴露时，其将侵蚀银行的投资收益或中间业务收入等，两者均将削减银行的经营利润及资产价值，进而降低银行资产价值对其表内债务的覆盖能力，增加银行的违约风险。由此，本章提出以下假设：

假设1：商业银行的影子银行业务会加剧银行违约风险，即影子银行业务规模越大，该银行的违约风险将越大。

作为商业银行的创新类业务，影子银行业务对银行自身带来的影响在不同阶段表现有所不同。而在同一时间段内，由于银行规模的不同，其影子银行业务对银行违约风险的影响程度也会有所不同。大型商业银行一般以存款利率弹性低的国有企业为目标客户，侧重于为大规模客户提供服务，而中小型商业银行则更多关注存款价格弹性高的中小微企业和个人客户（郭品和沈悦，2015），因此，在金融竞争的背景下，大型商业银行即使从事影子银行业务，也并不会引起自身风险的大幅增加，因为大型商业银行总是偏好于从事委托贷款等风险较低的影子银行业务，在这些业务中，银行充当中间人的作用，收取通道费用，不承担相关的信贷风险，导致这类业务所产生的风险较小。此外，大型商业银行由于面临严格的风险管理、信息披露和公司治理要求（王晋斌和李博，2017），其管理体系和治理机制相对成熟完善，即使从事影子银行业务，也会有较好的风险防范体系，因此，开展影子银行业务对银行自身的风险影响不大，而中小型商业银行从事影子银行业务会更多地增加自身面临的风险。

也有不少学者提出了相反的观点。长期以来，我国大型商业银行"公有化"色彩浓厚，其在追逐利润的同时，担负着维护金融稳定的社会责任，致使大型商业银行在经营过程中行为更加谨慎（郭晔和赵静，2017）。从业务结构来看，大型商业银行非利息收入占比不断攀升，业务结构日渐优化，中小型商业银行依旧以利息业务为主（刘莉亚等，2017）。在存款竞争与利率市场化的推动下，大型商业银行越来越多地参与表外活动中，成为影子银行业务活动的主要参与者，影子银行业务可能会将银行管理者的注意力从有效运营中转移（陈诗一等，2018）。大型商业银行的战略定位决定了其从事高风险的影子银行业务，必然会加大银行自身的违约风险（祝继高等，2016）。

由于我国大型商业银行的全国网点覆盖率较高，具有先天优势，规模越大，越有利于其开展影子银行业务。而影子银行业务跟银行传统信贷业务的不同之处就在于高风险性，因此，大型商业银行开展影子银行业务对其自身的风险扩散效应会更明显。而中小型商业银行的市场占有份额较小，从事影子银行业务的先天性条件不足；加上中小型商业银行自身资产规模较小、抵御风险能力较差、合作机构信誉质量较差，因此其从事影子银行业务的规模非常有限，对银行自身风险的影响不明显。由此，本章提出以下假设：

假设2：相对于中小型商业银行，大型商业银行开展的影子银行业务所带来的银行违约风险更大。

货币政策直接影响货币供应量，进而影响企业的融资决策与银行的违约风险。有学者分别从企业与银行角度分析了货币政策对企业融资的影响，研究发现在宽松型货币政策环境下，货币供应总量增加，商业银行会放松贷款审批条件，企业融资约束降低；而当货币政策趋于从紧时，商业银行贷款标准相应提高，货币政策对企业融资具有显著影响（饶品贵和姜国华，2013；金鹏辉等，2014）。同理，在宽松型货币政策环境下，商业银行面临的监管降低，货币供应量温和增长，在一定程度上有利于我国商业银行的发展，银行传统信贷规模扩大，从事影子银行业务的动机大大减弱，由此也降低了银行所面临的风险；而在紧缩型货币政策环境下，出于外界的监管要求，银行必然会收紧传统的信贷规模，影子银行业务不受中央银行宏观调控影响，可随时向企业提供信贷资源，因此，商业银行会转而开展更多的高风险的影子银行业务，致使银行自身的风险加大。由此，本章提出以下假设：

假设3：在紧缩型货币政策环境下，商业银行从事影子银行业务所带来的违约风险更大。

4.2 样本、变量和数据

4.2.1 样本的选取与数据来源

本章以我国A股36家上市银行为研究对象，使用其2010~2020年的年度面板数据进行实证研究（其中核心解释变量、控制变量采用了2010~2019年的数据，因变量则采用了2011~2020年的数据）。样本的财务数据来自万德（Wind）数据库。宏观经济数据来自中经网统计数据库，影子银行数据根据银行半年报和年报手工整理而得。该数据为非平衡面板数据，截面维度为银行，时间维度是年份，观测对象为每家银行在各年份的影子银行业务规模和风险承担行为。剔除了数据过少、不满足研究要求的银行样本，部分商业银行年度缺失数据由各银行官网所披露年报补充，并参考了国泰安、东方财富等数据库，最终得到36家A股上市银行的349组数据。数据处理使用Stata16.0软件进行。为减少异常值的影响，本章对变量进行了1%和99%的缩尾处理（Winsorize）。

4.2.2 变量的选取及其定义

4.2.2.1 被解释变量：银行违约风险

关于银行违约风险的测度，现有文献（Diallo和Al-Mansour，2017；项后军和闫玉，2017；庞晓波和钱锟，2018）主要用以下两类方法：第一类是用银行预期违约概率或破产风险来测度，包括银行预期违约概率和Z值；第二类是用不良贷款率、风险加权资产率以及贷款损失准备金率等反映银行资产质量的指标来测度。在第一类指标中，银行预期违约概率一般被认为是最能全面衡量银行违约风险的指标，但是由于我国银行违约数据不可得，很难采用银行预期违约概率来衡量银行违约风险，所以，已有文献较多采用Z值来衡量银行违约风险水平；在第二类指标中，考虑到信用风险是商业银行的主要风险，而我国商业银行风险加权资产的数据较难获得，因此，采用净贷款资产占比近似代表风险资产率，以此来衡量银行违约风险水平，在已有文献中也比较常见。

参考现有经典文献的思路（Houston 等，2010；张健华和王鹏，2012；Lepetit 和 Strobel，2015），本章选取 Z 值（zscore）作为银行违约风险的基准代理变量，具体而言，Z 值的计算公式为：

$$z=(roa\_mean+ea)/roa\_sd \tag{4-1}$$

其中，ea 表示所有者权益合计/资产总计，roa_mean 表示银行总资产回报率的平均值，roa_sd 表示银行总资产回报率的标准差，参照徐明东和陈学彬（2012）的做法，计算为 roa_{it} 连续三年的滚动标准差。Z 值越大，银行经营的稳定性越高，个体银行的违约风险越小；反之，则银行违约风险就越大。由于影子银行业务对银行自身风险的影响存在滞后效应，因此，本章中的被解释变量采用 t+1 期的数据，即 $zscore_{t+1}$。

为确保研究结论可靠，同时选择风险资产率（Risk_LA）作为辅助代理指标用于稳健性检验，用净贷款与总资产之比近似表示风险资产率，其中，净贷款=贷款总额-贷款损失准备金=贷款总额×（1-贷款损失准备率），故

$$Risk\_LA=(贷款总额-贷款损失准备金)/总资产 \tag{4-2}$$

4.2.2.2 解释变量：影子银行业务规模

由 3.3.2 分析可知，本章将买入返售金融资产和应收款项类投资的期末余额之和在银行总资产中的占比用来衡量商业银行影子银行业务（shadow）的相对规模，即

$$shadow=(买入返售金融资产+应收款项类投资)/银行总资产 \tag{4-3}$$

4.2.2.3 控制变量

由于商业银行的影子银行业务规模和银行违约风险均易受到银行自身条件及外部经济环境等多种因素的影响，若将这些因素作为控制变量引入模型中，必然会强化模型的精确度，因此，借鉴顾海峰和杨立翔（2018）的研究，

主要从银行自身、所在省份以及国家三个层面来选取一些重要变量加入到模型中充当控制变量，以最大限度得到模型的无偏估计。具体如下：①在银行个体层面，包括第一大股东持股比例 shr1、不良贷款率 npl、净息差 nim。②在省级层面，包括地区金融发展程度 depositgdp（存款总额占 GDP 的比例）、市场化指数 mkt。③在宏观经济层面，包括货币和准货币增速 m2、同业拆借利率 shibor。如表 4-1 所示。

表 4-1 变量的定义和说明

变量类型	符号	变量名称	变量说明
被解释变量	$zscore_{t+1}$	银行违约风险	z 指数 =（roa_mean+ea）/roa_sd，其中 ea= 所有者权益合计/资产总计，zscore=ln（z）
解释变量	shadow	影子银行业务规模	（买入返售类金融资产+应收款项类投资）/银行总资产
控制变量	shr1	股权特征	第一大股东持股比例
	npl	不良贷款率	不良贷款/贷款总额
	nim	净息差	利息净收入/银行全部生息资产
	depositgdp	金融发展水平	各省份存款总额占各省份 GDP 的比例
	mkt	金融业市场化指数	樊纲等编制的金融业市场化指数
	m2	货币和准货币增速	M2 增长率
	shibor	同业拆借利率	同业拆借利率

4.2.3 模型构建

根据前文所提出的假设以及变量的选取，构建以下面板模型：

$$zscore_{i,t+1} = C_1 + \alpha_1 shadow_{i,t} + \beta_1 bankcontrol_{i,t} + \theta_1 procontrol_{j,t} + \Phi_1 coucontrol_t + e_{i,j,t} \quad (4-4)$$

其中，$zscore_{i,t+1}$ 表示第 i 家银行第 t+1 年的经营稳定性，与银行违约风险成反比，即 zscore 值越大，银行违约风险越小；反之，zscore 值越小，银行违约风险越大。$shadow_{i,t}$ 表示第 i 家银行第 t 年影子银行业务占比，由于影子银行业务的开展对银行自身风险承担的影响存在滞后效应，故在本实证模型中，因变量银行违约风险 $zscore_{i,t+1}$ 采用 t+1 期的数据。$bankcontrol_{i,t}$ 表示第 i 家银行第 t 年的其他控制变量，包括第一大股东持股比例 shr1、不良贷款率 npl 以及净息差 nim 等。$procontrol_{j,t}$ 表示银行所对应 j 省份第 t 年的相关控制变量，包括地区金融发展程度 depositgdp 及市场化指数 mkt。$coucontrol_t$ 表示国家层面第 t 年经济情况的相关控制变量，包括货币和准货币增速 m2 和同业拆借利率 shibor。

4.3 实证结果

4.3.1 描述性统计

样本数据主要变量的描述性统计结果如表 4-2 所示。银行违约风险指标 $zscore_{i,t+1}$ 的均值为 3.423，最大值为 4.475，最小值为 2.457，说明商业银行的违约风险差异较大。样本银行的影子银行业务规模占比 shadow 的最大值为 0.389，最小值为 0.000，均值为 0.114，而标准差为 0.094，由此可见商业银行的影子银行业务规模存在较为明显的差异，各银行间影子银行业务发展不均衡，在本章的样本中，买入返售类金融资产与应收款项类投资之和占总资产比率的最大值为 0.389。shr1 的均值为 0.236，表明商业银行第一大股东平均的持股比率为 23.6%。npl 的最大值为 2.750，最小值为 0.240，表明商业银行间不良贷款率的差异较大，均值为 1.228。nim 的均值为 2.564，即样本银行利息净收入占其全部生息资产比率的平均值为 2.564。depositgdp 的标准差为 17.471，表明样本银行所在省份间的金融发展水平差距较大。样本银行间的影子银行业务发展不均衡，其财务特征也存在较大差异，地区间的金融发展水平也不均衡，这些都会影响到银行自身的风险承担水平，也会影响影子银行业务对个体银行的风险扩散效应。

表 4-2 变量的描述性统计

变量	Obs	Mean	SD	Median	Min	Max
$zscore_{i,t+1}$	349	3.423	0.528	3.262	2.457	4.475
shadow	349	0.114	0.094	0.097	0.000	0.389
shr1	349	0.236	0.175	0.195	0.044	0.689
npl	349	1.228	0.483	1.190	0.240	2.750
nim	349	2.564	0.544	2.500	1.520	4.120
depositgdp	349	31.325	17.471	21.856	11.543	64.858
mkt	349	8.576	1.290	9.109	4.310	9.970
shibor	349	3.791	0.849	4.099	2.567	5.128

4.3.2 相关性分析

为避免多重共线性的存在，本章对各解释变量进行了皮尔森相关系数检验。检验结果如表 4-3 所示，结果表明，各解释变量之间的相关系数大多在 1% 的显著水平上低于 0.5[①]，且商业银行的影子银行业务规模 shadow 与各控制变量之间相关性较弱，由此可初步判定各变量间不存在多重共线性。且经过方差膨胀因子检验，我们得到核心解释变量 shadow 系数的 VIF 值为 1.450，而其他变量系数的 VIF 值介于 1.086~2.395，进一步排除了变量间的共线性。

表 4-3 变量的皮尔森相关系数检验

变量	shadow	shr1	npl	nim	depositgdp	mkt	shibor
shadow	1	—	—	—	—	—	—
shr1	-0.096*	1	—	—	—	—	—
npl	-0.220***	-0.112**	1	—	—	—	—
nim	-0.001	-0.229***	-0.203***	1	—	—	—
depositgdp	-0.121**	0.649***	0.036	-0.365***	1	—	—

---

① 一般来说，若两个变量间的相关系数很高，即大于 0.8，则认为这两个变量之间存在多重共线性的关系。

续表

变量	shadow	shr1	npl	nim	depositgdp	mkt	shibor
mkt	-0.114**	0.038	0.214***	-0.328***	0.267***	1	—
shibor	0.110**	0.006	-0.295***	0.359***	-0.061	-0.038	1

注：***、**和*分别表示在1%、5%和10%水平上显著。

4.3.3 主回归分析

金融市场上存款竞争日益加剧，使银行的融资成本不断上升。为了应对融资成本的上升，银行倾向于降低借贷标准来发放高风险贷款。但严格的存贷比和资本充足率等监管要求限制了银行在表内扩大信贷规模、进行高风险贷款的行为，于是银行会转向影子银行业务，通过渠道机制来隐蔽地开展信贷业务。2010年以后，由于政府态度的变化（从支持转为限制），导致房地产和地方政府融资平台的贷款需求得不到满足，这也为商业银行影子银行业务的发展提供了需求空间。在银行大规模资金供给与外部企业广泛资金需求的共同作用下，商业银行的影子银行业务规模不断发展壮大。作为商业银行的一类创新业务，影子银行业务受到的监管较少、透明度较低，且其业务资金多用于发放长期贷款，银行的资产结构发生了严重的期限错配，这些都为银行经营带来了较大的风险。因此，随着影子银行规模的不断增加，银行的违约风险将不断累积。

本章使用的模型是包含36个横截面维度和10个时间维度的面板数据，因此采用面板模型回归法。截面维度远远大于时间维度，属于非平衡面板数据。因其时间跨度较短，可以不考虑面板数据的非平稳性，也因此没有对数据做单位根检验和协整检验。本章的样本数据采用考虑了异方差的稳健标准误，并通过了F检验和Hausman检验，由此确定了应该建立固定效应模型。商业银行影子银行业务与银行违约风险的主回归结果如表4-4所示。（1）列是影子银行规模 shadow 对银行违约风险 $zscore_{i,t+1}$ 的单独回归结果，shadow 的回归系数在1%的水平上显著负相关，这表明随着影子银行业务规模的扩大，商业银行的违约风险将扩大；（2）列在（1）列的基础上增加了宏观变量 depositgdp，影子银行规模shadow与银行违约风险zscore$_{i,t+1}$的显著负相关并没有任何改变；(3)列是模型(4-1)的OLS回归结果，shadow的回归系数在1%的水平上依然呈显著负相关，即在有效控制相关变量的情况下，商业银行所开展的影子银行业务将会扩大银行自身的风险。影子银行业务规模越大，其违约风险将越大。由此，回归结果验证了假设1。

表4-4 影子银行业务与银行违约风险的主回归分析

变量	(1) zscore$_{i,t+1}$	(2) zscore$_{i,t+1}$	(3) zscore$_{i,t+1}$
shadow	-0.3489***	-0.3489***	-0.3657***
	(-3.7156)	(-3.9531)	(-3.7994)
shr1	—	-0.2867	-0.3583*
		(-1.4288)	(-1.8698)
npl	—	0.0735***	0.0265
		(2.6936)	(0.7656)
nim	—	-0.0748***	-0.0633***
		(-4.4570)	(-3.5351)
depositgdp	—	0.0067	0.0038
		(1.6595)	(1.0448)
mkt	—	—	0.0770***
			(3.3446)
shibor	—	—	-0.0119
			(-1.6413)
_cons	3.4629***	3.4227***	2.9457***
	(324.8066)	(24.3882)	(13.5262)
FE	YES	YES	YES
N	349	349	349
R^2	0.0372	0.3109	0.3684
Adj R^2	0.0345	0.3009	0.3554

注：***、**和*分别表示在1%、5%和10%水平上显著。括号中为t值。本章下同。

在控制变量方面，(3)列的回归结果显示，第一大股东持股比例shr1越

· 74 ·

高，商业银行的风险承受能力 $zscore_{i,t+1}$ 越弱，即银行的违约风险将越大。因为股权过于集中，大股东权力得不到牵制，决策过程缺乏民主，容易出现第一大股东利用手中权力侵害银行利益的行为，从而加大银行的自身风险。净息差 nim 代表资金运用的结果，是生息资产的收益率，一般而言，银行的净息差越高，银行的风险也会越大，银行的风险承受能力 $zscore_{i,t+1}$ 越弱，即净息差 nim 与银行风险承担 $zscore_{i,t+1}$ 之间呈负相关，如表 4-4（3）列所示。市场化指数 mkt 代表了地区市场化发展水平和程度，mkt 值越大，银行的风险承受能力 $zscore_{i,t+1}$ 越强，其违约风险将越小，即市场化指数 mkt 和银行的风险承受能力 $zscore_{i,t+1}$ 呈显著正相关，如表 4-4（3）列所示。

4.3.4 调节效应分析

4.3.4.1 银行规模分组的调节效应

由于商业银行的影子银行业务游离于金融监管体系外，其业务往往具有杠杆率较高、期限错配和监管套利等严重现象，因此，影子银行的规模越大，整个金融体系越脆弱，银行的违约风险就越大（祝继高等，2016；林琳等，2016），对大型商业银行来讲，尤其如此。一方面，大型商业银行在规模经济和隐性担保的推动下存在冒险投资的更强激励，会逐步转向能够带来较高收益的影子银行业务；另一方面，随着存款竞争日益激烈、利率市场化程度不断提高，大型商业银行越来越多地参与到表外活动中，成为影子银行业务活动的主要参与者，由此，其影子银行业务规模有了较为明显的增长。大型商业银行其影子银行业务规模的扩张往往随着银行经营重心逐渐转移，同时银行之间关联性的随之增加，银行之间会通过风险传染的金融加速器作用而增大银行自身的违约风险。因此，有学者研究指出，对影子银行业务参与度最高的大型商业银行，其影子银行业务对该银行效率的负面影响更大（陈诗一等，2018），即影子银行业务对银行违约风险的加速效应在大型商业银行尤为明显。

表 4-5 提供了面板数据模型（4-1）的银行规模异质性回归结果。以样本银行的资产规模均值为分组依据，将全样本分为大型上市银行和中小型上

市银行两组，其中，（1）列与（2）列代表大型上市银行组，（3）列与（4）列代表中小型上市银行组，在此基础上进行了固定效应回归分析。（1）列与（3）列为核心解释变量的单独回归结果，（2）列与（4）列为加入控制变量后的回归结果。由表4-5（1）列与（2）列可知，不管是单独回归还是整体回归，对于大型商业银行样本组而言，商业银行影子银行业务规模 shadow 对银行违约风险 $zscore_{t+1}$ 在1%的显著水平上都呈负相关，即商业银行从事的影子银行业务规模越大，银行个体的自身风险就越大。加入控制变量后，影子银行业务对银行违约风险的加速效应更明显，进一步证明了模型（4-1）较好地解决了遗漏变量的问题，能够较好地代表商业银行影子银行业务规模对银行自身违约风险的影响，是较为有效的面板数据模型。而根据（3）列与（4）列的回归结果，我们可以看到，对于中小型商业银行样本组而言，商业银行影子银行业务规模 shadow 对银行违约风险 $zscore_{t+1}$ 并不显著。由此，回归结果验证了假设2。

表4-5 银行规模分组的调节效应

变量	大银行（Size>mean）		中小银行（Size≤mean）	
	(1)	(2)	(3)	(4)
	$zscore_{t+1}$	$zscore_{t+1}$	$zscore_{t+1}$	$zscore_{t+1}$
shadow	-0.6207***	-0.5810***	-0.1590	-0.2254
	(-5.9248)	(-7.9623)	(-1.0964)	(-1.4100)
shr1	—	-0.1310	—	-0.4963
		(-0.8910)		(-0.9849)
npl	—	0.0189	—	0.0509
		(0.4636)		(1.1954)
nim	—	-0.0612	—	-0.0645***
		(-1.5295)		(-2.8392)
depositgdp	—	0.0041	—	-0.0091
		(1.1800)		(-0.5770)
mkt	—	0.0990***	—	0.0455
		(4.4788)		(0.9890)

续表

变量	大银行（Size>mean）		中小银行（Size≤mean）	
	(1)	(2)	(3)	(4)
	zscore$_{t+1}$	zscore$_{t+1}$	zscore$_{t+1}$	zscore$_{t+1}$
shibor	—	-0.0029	—	-0.0202
		(-0.3043)		(-1.5503)
_cons	3.8082***	2.9018***	3.1292***	3.2030***
	(317.4881)	(11.4232)	(191.5999)	(6.2309)
FE	YES	YES	YES	YES
N	174	174	175	175
R^2	0.1360	0.5303	0.0075	0.2047
Adj R^2	0.1310	0.5105	0.0018	0.1714

4.3.4.2 不同类型货币政策的调节效应

从银行自身来看，货币供应量的调整会直接作用于银行资金流动性。虽然短期内数量型货币政策的从紧调控能够有效抑制银行信贷供给，减少因信贷扩张冲动、不良贷款激增所致的银行风险加剧，但就长期而言，紧缩型货币政策可能诱发银行高管的逐利竞争行为，加剧表内资产向表外腾挪的风险套利，扩大影子银行业务规模，反而加重了银行的风险承担（徐明东和陈学彬，2012）。在宽松型货币政策环境下，商业银行面临的监管降低，货币供应量温和增长，在一定程度上有利于我国商业银行传统信贷规模的扩大，从事高风险影子银行业务的动机大大减弱，由此降低了银行所面临的风险。

从对实体经济的影响来看，紧缩型货币政策引起的流动性萎缩也会波及实体经济，深陷融资困境的中小型企业会更加举步维艰。一方面，传统信贷渠道融资成本上升，会加剧信贷市场的逆向选择问题，银行承受的风险上升；另一方面，传统信贷渠道受阻，实体经济部门对影子银行业务的需求会急速增加，逐利动机将刺激商业银行扩大影子银行业务规模，加重银行自身承担的风险。在宽松型货币政策环境下，传统信贷融资成本更低，实体经济部门对影子银行业务的需求会大大降低，制约了商业银行的影子银行业务规模。

综上所述，在紧缩型货币政策下，出于外界的监管要求，银行必然会收紧传统的信贷规模，而影子银行业务不受中央银行宏观调控影响，可随时向企业提供信贷资源，因此，商业银行会转而开展更多高风险的影子银行业务，致使银行自身的风险加大。在2011年至2012年上半年中国人民银行连续12次提高法定存款准备金率后，我国影子银行快速增长这一事实也证明了这一点。

表4-6提供了面板数据模型（4-1）在不同类型货币政策下的异质性回归结果。以货币和准货币增速的均值为分组依据，将全样本分为紧缩型货币政策和宽松型货币政策两个组，其中，(1)列与(2)列代表宽松型货币政策组，(3)列与(4)列代表紧缩型货币政策组，在此基础上进行了固定效应回归分析。(1)列与(3)列为核心解释变量的单独回归结果，(2)列与(4)列为加入控制变量后的回归结果。由表4-6(3)列与(4)列可知，不管是单独回归还是整体回归，在紧缩型货币政策环境下，商业银行影子银行业务规模shadow对银行违约风险$zscore_{t+1}$在1%的显著水平上都呈负相关，即商业银行从事的影子银行业务规模越大，银行个体的自身风险就越大。加入控制变量后，影子银行业务对银行违约风险的加速效应更明显，进一步证明了模型（4-1）较好地解决了遗漏变量的问题，能够较好地代表商业银行影子银行业务规模对银行自身违约风险的影响，是较为有效的面板数据模型。而根据(1)列与(2)列的回归结果，我们可以看到，在宽松型货币政策环境下，商业银行影子银行业务规模shadow对银行风险承受能力$zscore_{t+1}$并不显著。由此，回归结果验证了假设3。

表4-6 不同类型货币政策的调节效应

变量	宽松货币政策（M2增速>mean）		紧缩货币政策（M2增速≤mean）	
	(1)	(2)	(3)	(4)
	$zscore_{t+1}$	$zscore_{t+1}$	$zscore_{t+1}$	$zscore_{t+1}$
shadow	0.2331	-0.0147	-0.3215***	-0.2915***
	(0.8934)	(-0.0482)	(-4.4279)	(-3.2947)
shr1	—	0.1323	—	-0.2232
		(0.5197)		(-0.6343)
npl		-0.0063		-0.0765**
		(-0.1078)		(-2.3525)

续表

变量	宽松货币政策（M2 增速>mean）		紧缩货币政策（M2 增速≤mean）	
	(1)	(2)	(3)	(4)
	zscore$_{t+1}$	zscore$_{t+1}$	zscore$_{t+1}$	zscore$_{t+1}$
nim	—	0.0215	—	-0.0556
		(0.5033)		(-1.4213)
depositgdp	—	0.0074**	—	-0.0095***
		(2.0495)		(-3.0727)
mkt	—	0.0360	—	-0.0698
		(1.4891)		(-0.7565)
shibor	—	-0.0078	—	0.0204**
		(-0.7230)		(2.4854)
_cons	3.3399***	2.7920***	3.5289***	4.6738***
	(99.4922)	(12.0013)	(528.1841)	(6.0827)
FE	YES	YES	YES	YES
N	205	205	144	144
R^2	0.0177	0.1028	0.1629	0.3943
Adj R^2	0.0128	0.0709	0.1570	0.3631

4.4 稳健性分析

4.4.1 工具变量法

由于存在既影响商业银行影子银行业务规模又影响银行风险承担的遗漏变量，导致直接 OLS 回归的结果有偏和不一致，因此，为了解决解释变量可能存在的内生性问题和控制银行个体间的差异，根据杨天宇和钟宗平（2013）的研究，采用固定效应两阶段最小二乘法（FE2SLS）估计模型。本章加入工具变量城投债余额 lgd，用本期期初的城投债余额取对数。经过对城投债余额

lgd 进行 Kleibergen-Paap rk LM statistic 识别不足检验，发现城投债余额 lgd 这一工具变量并没有识别不足；经过对城投债余额 lgd 进行 Sargan-Hansen 过度识别检验，发现城投债余额 lgd 这一工具变量也不存在过度识别。

城投债，又称准市政债，是地方投融资平台作为发行主体，公开发行企业债和中期票据，其主业多为地方基础设施建设或公益性项目。从承销商到投资者，参与债券发行环节的人，都将其视为当地政府发债。2020年全年，各品种城投债发行数量达5574只，融资规模达43703.24亿元，分别较2019年全年同比增长了31%和24%。在金融监管体制下，商业银行的传统信贷业务受到诸多约束，因此，越来越多的资金需求者转向影子银行业务渠道，这其中就包括了政府融资平台。城投债作为政府融资平台的主要工具，其资金筹措渠道在一定程度上源于商业银行的影子银行业务。因此，城投债发行规模越大，越有利于扩大影子银行业务规模，而城投债期初余额越大，当年的发行量就越小，则影子银行业务规模就越小，因此，变量城投债余额 lgd 与商业银行的影子银行业务规模 shadow 呈负相关，而与银行违约风险 $zscore_{t+1}$ 关联性较弱。

为解决同一家银行在不同时期的扰动项之间存在自相关的问题，我们在估计标准差时使用聚类稳健的标准差。表4-7列出了模型（4-1）工具变量二阶段回归的检验结果。在第一阶段回归中，lgd 的参数估计值为-0.3815，且在10%的水平上显著负相关，说明工具变量 lgd 与解释变量 shadow 显著负相关，即城投债余额越大，影子银行业务规模将越小，符合预期；在第二阶段回归中，模型（4-1）的解释变量 shadow 的参数估计值为-0.9444，在5%水平上显著为负，多数控制变量基本保持稳定。由此可见，在采用工具变量法减轻内生性问题后，结果依然保持稳健。

表4-7 工具变量法回归检验结果

变量	(1) shadow	(2) $zscore_{t+1}$
lgd	-0.3815* (-1.9223)	—

续表

变量	(1) shadow	(2) zscore$_{t+1}$
shadow	—	-0.9444**
		(-2.3959)
shr1	-0.2157	-0.4626***
	(-0.9833)	(-2.5760)
npl	-0.0575**	0.0314
	(-2.4959)	(1.2332)
nim	-0.0113	-0.0577***
	(-0.9337)	(-3.3371)
depositgdp	0.0089***	0.0067*
	(4.6647)	(1.7844)
mkt	0.0112	0.0606***
	(1.1643)	(3.6866)
shibor	0.0157***	-0.0017
	(4.0451)	(-0.1405)
_cons	-0.0882	2.3978***
	(-0.7089)	(10.7061)
FE	YES	YES
N	345	345
R^2	0.1404	0.9589
Adj R^2	0.1199	0.9531
F	5.7002	—
LM statistic	—	18.214
LM_P	—	0.0001
Sargan-Hansen	—	1.568
Sargan-Hansen J_P	—	0.2105

4.4.2 FGLS 回归法

针对模型（4-1），为了验证研究结果的稳健性，本章还使用了不同的回归模型进行检验。根据对长面板数据分别进行组间异方差、组内自相关和组间同期相关的检验结果，本章采用可行的广义最小二乘法，即FGLS方法再次进行回归。FGLS的回归结果如表4-8所示，表中显示的结果与前文的主回归结果相近，并且其他控制变量较为稳定，即回归结果依然保持了稳健。

表4-8 FGLS回归结果

变量	(1) $zscore_{t+1}$	(2) $zscore_{t+1}$	(3) $zscore_{t+1}$
shadow	-0.2123*** (-3.0810)	-0.2840*** (-4.7562)	-0.3078*** (-5.0296)
shr1	—	-0.2428* (-1.8835)	-0.2932** (-2.5028)
npl	—	0.1017*** (8.5092)	0.0626*** (4.3195)
nim	—	-0.0704*** (-5.6519)	-0.0671*** (-5.0241)
depositgdp	—	-0.0011 (-0.6688)	-0.0006 (-0.4290)
mkt	—	—	0.0632*** (6.8050)
shibor	—	—	0.0040 (0.9479)
_cons	2.9727*** (38.2135)	3.1029*** (33.4773)	2.5211*** (22.3643)
FE	YES	YES	YES
N	349	349	349
AR (1)	0.5656	0.3441	0.3386
Wald	4715.95	11804.17	13478.48
Wald_P	0.0000	0.0000	0.0000

4.4.3 替换被解释变量

为确保研究结论可靠，本部分选择风险资产率（Risk_LA）作为辅助代理指标用于稳健性检验,用净贷款与总资产之比近似表示风险资产率,其中,净贷款=贷款总额-贷款损失准备金=贷款总额×(1-贷款损失准备率),即 Risk_LA=(贷款总额-贷款损失准备金)/总资产。更换被解释变量后,重新对模型(4-1)进行 FE 回归分析。回归结果如表 4-9 所示。由结果可知,即使是更改被解释变量,影子银行业务规模 shadow 对银行违约风险 Risk_LA_{t+1} 依然存在显著的削弱效应,即随着商业银行影子银行业务规模的扩大,银行的违约风险将增大。由此可见,回归结果依然保持稳健。

表 4-9 替换被解释变量后的回归结果

变量	(1) Risk_LA_{t+1}	(2) Risk_LA_{t+1}	(3) Risk_LA_{t+1}
shadow	-0.3698***	-0.3779***	-0.3694***
	(-8.5239)	(-8.8327)	(-8.1987)
shr1	—	-0.0041	-0.0023
		(-0.0869)	(-0.0470)
npl	—	0.0126	0.0093
		(1.0870)	(0.7691)
nim	—	0.0120	0.0165**
		(1.6153)	(2.0937)
depositgdp	—	0.0010	0.0005
		(0.6604)	(0.3870)
mkt	—	—	0.0047
			(0.6206)
shibor	—	—	-0.0056*
			(-1.8439)
_cons	0.4997***	0.4244***	0.4110***
	(101.3997)	(7.4538)	(5.0322)
FE	YES	YES	YES
N	348	348	348
R^2	0.3085	0.3246	0.3320
Adj R^2	0.3065	0.3147	0.3182

4.5 作用机制分析

参考现有经典文献的思路（Houston 等，2010；张健华和王鹏，2012；Lepetit 和 Strobel，2015），本章选取 Z 值（zscore）作为银行违约风险的基准代理变量。按照 Roy（1952）对 Z 值（zscore）的定义，可以看到，Z =（平均资产回报率+平均资本比率）/平均资产回报率的变动率。Z 值越大，银行的违约风险越低；反之，Z 值越小，银行的违约风险则越高。根据 Z 值的计算公式可知，平均资产回报率和平均资本比率是影响银行风险的决定性因素，因此，本部分主要从杠杆率[①]和净息差收益两大层面来分析影子银行业务影响银行违约风险的作用机制。

4.5.1 杠杆中介效应

商业银行的影子银行业务实际上也是类信贷业务，资金由商业银行提供，最终流向那些无法直接从商业银行获取贷款的融资主体。一方面，商业银行从事影子银行业务的资金主要源于银行所发行的理财产品，而发行理财产品会对商业银行的杠杆率带来不同程度的影响。理财产品可分为保本型理财产品与非保本型理财产品，这两类理财产品对商业银行的杠杆效应是不一样的。其中，保本型理财产品主要记录在银行资产负债表中，功能类似银行存款，受到较为严格的监管，因此，银行对保本型理财产品的资产配置较为谨慎，例如首先购买国债，之后将国债通过人民银行或同业质押融入资金，再将所得资金贷款给客户，实现资产方和负债方同时扩张，从而提高银行杠杆率。非保本型理财产品属于表外资产，不受存贷比和资本充足率等政策监管。在银监发〔2013〕8 号文出台前，非保本型理财产品主要通过银行的通道业务，

---

① 杠杆率为平均资本比率的倒数。

直接或间接地向企业和融资平台发放贷款，也可以通过购买商业银行的表内贷款、票据类资产和应收账款，来实现表内资产表外化，从而增加银行权益资本和可贷资金。由此，银行实现资产扩张，继而导致杠杆率上升[①]。

另一方面，从资金运用来看，商业银行的影子银行业务从本质上来看属于银行体系的类信贷资产，只是未在表内贷款科目进行规范记载或显性反映。商业银行影子银行业务的具体运作模式包括表内信贷资产表外化及信贷资产伪装为非信贷资产两部分，其具体形式包括信托贷款、委托贷款、同业代付、买入返售类金融资产以及应收款项类投资等，其中，买入返售类金融资产与应收款项类投资最为典型。随着国内银行影子银行业务的不断创新，其业务模式越来越复杂，每项业务所涉及的金融机构越来越多，导致银行之间以及银信、银证等同业之间的关联性越来越大。这些通道业务涉及多个环节，在这些过程中，银行的资产、负债不断扩张，从而导致银行杠杆率不断上升。

综上所述，不管从影子银行业务的资金来源来看，还是从其资金运用来看，商业银行开展影子银行业务都会导致银行的杠杆率上升，进而增加银行的违约风险。借鉴 Roy（1952）、高蓓等（2016）的做法，本节利用中介效应检验方法，构建依次递归模型，来检验"影子银行业务→杠杆率→银行风险承担"的传导机制。其中，杠杆率用 lev 来衡量，即资产总计与所有者权益之比，是资本比率的倒数。中介效应的回归结果如表4-10所示。（1）列中，影子银行规模 shadow 与银行违约风险 $zscore_{t+1}$ 之间在1%的水平上呈显著负相关，回归系数为-0.3657，说明影子银行规模 shadow 越大，银行自身的违约风险越大；（2）列中，影子银行规模 shadow 与银行杠杆率 lev 之间在1%的水平上显著正相关，回归系数为0.0331，说明影子银行规模大的企业，财务杠杆率更高；前两列都显著的情况下，在主回归（1）列的基础上加入中介变量 lev，由结果可知（3）列中，中介变量 lev 依然显著，与银行违约风险 $zscore_{t+1}$ 呈显著负相关，而影子银行规模 shadow 与银行违约风险 $zscore_{t+1}$ 显著

[①] 银监发〔2013〕8号文之后，非保本型理财产品主要通过同业业务直接或间接地发放贷款，而同业业务对银行杠杆率的影响更大。例如，A银行可将自己发行的非保本型理财资金转存到B银行作为同业存款，同时，B银行也可以通过买入返售或者同业代付等方式变相帮助A银行进行信用扩张。

正相关，说明存在部分中介效应，直接效应为 0.1176，杠杆的间接效应为 [0.0331×(-13.7002)] =-0.4535，两者相加为总效应，总效应仍为负，即随着商业银行影子银行业务规模的扩大，在杠杆率中介机制的作用下，银行自身的违约风险会不断加大。

表 4-10 杠杆率中介效应检验

变量	(1) $zscore_{t+1}$	(2) lev	(3) $zscore_{t+1}$
shadow	-0.3657*** (-3.7994)	0.0331*** (4.7546)	0.1176** (2.3008)
lev	—	—	-13.7002*** (-13.7512)
shr1	-0.3583* (-1.8698)	—	-0.0303 (-0.2856)
npl	0.0265 (0.7656)	—	-0.0189 (-1.0825)
nim	-0.0633*** (-3.5351)	—	-0.0416*** (-3.7460)
depositgdp	0.0038 (1.0448)	—	-0.0000 (-0.0203)
mkt	0.0770*** (3.3446)	—	-0.0000 (-0.0042)
shibor	-0.0119 (-1.6413)	—	-0.0037 (-1.2299)
_cons	2.9457*** (13.5262)	0.9268*** (1.2e+03)	16.3116*** (17.4408)
FE	YES	YES	YES
N	349	349	349
R^2	0.3684	0.0777	0.8464
Adj R^2	0.3554	0.0751	0.8428

4.5.2 净息差中介效应

从收益率层面来看，资产回报率=净利润/总资产，而净息差是银行净利润的重要来源，净息差的变动会直接影响银行的资产回报率，进而通过银行的风险承担水平影响银行的违约风险。商业银行影子银行业务的资金来源主要依赖发行理财产品，尤其是发行非保本型理财产品。作为准利率市场化产品，非保本型理财产品将大幅缩小银行利差以向储户让渡利益，而银行净息差的缩小无疑会对银行净利润产生负面影响，降低银行的风险承担水平，即银行的违约风险会加大。另外，理财产品也会通过杠杆率渠道来扩大银行总资产规模，降低银行的资产回报率，进而削弱银行的风险承担水平，加大其违约风险。此外，由于存在对银行体系的隐性担保和刚性兑付，当理财产品存在兑付困难时，银行往往从维护自身声誉角度出发，选择以自有资金对理财产品的本金进行兑付，这些都将对商业银行收益率产生不利影响，削弱银行的风险承担水平，使其违约风险扩大。

基于监管套利，商业银行借助于信托贷款、委托贷款、同业代付、买入返售类金融资产以及应收款项类投资等形式，开展影子银行业务，这必然会对现有的传统信贷业务造成挤压，进而降低银行的净息差收入。在这个过程中，已有研究发现（李波和伍戈，2011；巴曙松，2013；肖崎和阮健浓，2014；高蓓等，2016），影子银行业务的开展给银行自身带来的风险主要有两类：一类是期限错配造成的流动性风险。出于商业银行间激烈竞争和监管机构对银行进行考核等原因，银行理财产品呈现短期化趋势，同时商业银行大量使用同业业务筹措短期资金，缓解临时性资金紧张，而为了获得高收益，影子银行资金主要投向城投债、基础建设和房地产等长周期项目，净息差被大大压缩。另一类是坏账风险。在中国影子银行体系中，为了规避监管，资金在金融机构间反复流转，导致末端企业实际贷款利率很高。因此，一旦投资项目出现经营问题，影子银行产品可能就会产生坏账。我国影子银行体系形成的本质是商业银行受到金融管制，被迫从事其不擅长的制度创新（裘翔和周强龙，2014），开展买入返售类金融资产及应收款项类投资等类贷款业务。然而，商业银行从事的通道业务会扩大银行总资产，降低传统的净息差收入，增加商业银行潜在风险。

由于部分影子银行业务有可能发生在当期期末，而对当期净息差影响不大。因此，对于影子银行业务规模 shadow，本部分以提前一期的净息差 nim_{t+1} 为中介变量，而将当期的净息差 nim_t 作为控制变量放入模型中，利用中介效应检验方法，构建依次递归模型，来检验"影子银行业务→净息差→银行违约风险"的传导机制。其中，净息差用 nim 来衡量。中介效应的回归结果如表 4-11 所示。（1）列中，影子银行规模 shadow 与银行违约风险 $zscore_{t+1}$ 之间在 1% 的水平上呈显著负相关，回归系数为 -0.3424，说明影子银行规模 shadow 越大，银行的风险承担能力 $zscore_{t+1}$ 越弱，即银行自身的违约风险越大；（2）列中，影子银行规模 shadow 与银行净息差 nim_{t+1} 之间在 1% 的水平上显著负相关，回归系数为 0.7438，说明影子银行规模越大的企业，银行的净息差越小；前两列都显著的情况下，在主回归（1）列的基础上加入中介变量净息差 nim_{t+1}，由结果可知（3）列中，中介变量 nim_{t+1} 依然显著，与银行风险承担 $zscore_{t+1}$ 呈显著正相关，而影子银行规模 shadow 与银行风险承担 $zscore_{t+1}$ 依然显著负相关，说明存在部分中介效应，直接效应为 -0.2726，净息差的间接效应为 (-0.7438×0.0939) = -0.0698，两者相加为总效应，即 -0.0698+(-0.2726) = -0.3424，总效应为负，即随着商业银行影子银行业务规模的扩大，在净息差中介机制的作用下，银行的风险承担能力越来越弱，银行自身的违约风险会越来越大。

表 4-11 净息差中介效应检验

变量	(1) $zscore_{t+1}$	(2) nim_{t+1}	(3) $zscore_{t+1}$
shadow	-0.3424*** (-3.7807)	-0.7438*** (-3.1213)	-0.2726*** (-2.8387)
nim_{t+1}	—	—	0.0939** (2.3919)
shr1	-0.3687* (-1.9479)	0.3519 (0.6346)	-0.4017** (-2.2675)

续表

变量	(1) zscore$_{t+1}$	(2) nim$_{t+1}$	(3) zscore$_{t+1}$
npl	0.0467 (1.4011)	-0.0724 (-1.2293)	0.0535* (1.7180)
nim	-0.0585*** (-3.3787)	0.6344*** (14.0101)	-0.1181*** (-3.9948)
depositgdp	0.0032 (0.8810)	-0.0192*** (-4.0264)	0.0050 (1.3381)
mkt	0.0652*** (2.8357)	-0.1612*** (-4.5257)	0.0803*** (3.6703)
shibor	-0.0105 (-1.4572)	0.0056 (0.2975)	-0.0111 (-1.5444)
_cons	3.0234*** (13.9779)	2.9318*** (6.9560)	2.7482*** (12.6660)
FE	YES	YES	YES
N	349	349	349
R^2	0.3591	0.7404	0.3840
Adj R^2	0.3459	0.7351	0.3695

4.6　本章小结

我国的影子银行业务具有自己的独有特点，主要以商业银行为核心，由此本章从商业银行这一微观主体的视角出发，来研究商业银行开展影子银行业务对其自身风平的影响。本章以2010~2020年中国沪深两市A股上市银行为样本，实证检验了商业银行影子银行业务发展对银行风险承担水平的影响，并进一步深入分析了两者间的传导机制。本章研究结果显示：第一，商业银行开展影子银行业务显著削弱了上市银行的风险承受能力，即显著加大了银行自身的违约风险。第二，与中小型银行相比，大型商业银行的影子银行业务对银行风险承受能力的削弱效应更强，致使银行的违约风险扩大。第三，与宽松型货币政策不同，在紧缩型货币政策背景下，商业银行开展影子银行业务更能削弱银行的风险承受能力，加大银行自身的违约风险。进一步研究发现，商业银行从事的影子银行业务对银行违约风险的削弱效应，主要通过杠杆率机制和净息差机制来实现。

本章的研究结论对于当前我国商业银行影子银行业务快速发展背景下，传统的商业银行应如何积极应对这一挑战能提供具有较强实践意义的政策启示。影子银行业务是商业银行的一类创新业务，在初始阶段，影子银行业务的开展有助于缓解实体经济部门的融资约束，有助于推动利率市场化，也能在一定程度上提高商业银行的收益。但由于影子银行业务透明度较低，受到的监管较少，且其资金多投向多层嵌套的高杠杆业务，势必会影响银行自身的风险承担水平，加大银行的违约风险。有效防范金融风险一直是我国的头等大事，为此，在影子银行业务发展背景下，为降低银行的违约风险，本章提出以下政策建议：第一，有效解决我国金融信贷歧视问题，加大对小微企业的金融支持，降低金融门槛，加强金融服务实体经济的力度，以此尽可能减少实体经济部门对影子银行业务的需求。第二，对于商业银行而言，要区别和细分非传统银行业务的金融创新，针对不同的风险特征实施差别化监管。第三，大型商业银行的地位比较特殊，尤其要加大对大型商业银行开展影子银行业务的监管，采取强有力的监管措施来控制大型商业银行的影子银行业务规模。第四，对商业银行影子银行业务的监管和规范也应遵循一定的逆周期性，防止运动式的清理可能带来的融资紧缩，进而冲击实体经济。第五，监管机构可对商业银行影子银行活动的表内溢出风险进行压力测试与评估。监管机构可自主经验设定影子银行活动相对规模的正常区间和极端情景，并就影子银行活动规模的极端变化对总体风险状态的结构性影响，特别是影子银行活动的表内溢出风险进行压力测试与评估。

第 5 章　商业银行影子银行业务与系统性金融风险

中国影子银行业务作为一种金融创新，其形成源于两个方面：一方面是金融歧视的客观存在；另一方面是资本对于超额利润的追求。随着银行间竞争程度的升级，对超额利润的追逐会越来越激烈，必然影响其影子银行业务的开展。作为传统商业银行业务的重要替代与补充（程小可等，2015；高蓓等，2016），商业银行的影子银行业务一方面在拓宽社会投融资渠道、缓解信贷歧视及加快利率市场化改革方面发挥着积极作用（解凤敏和李媛，2014；Allen 等，2019；钱雪松等，2018），进而有利于促进实体经济的快速发展；另一方面由于其业务存在监管不到位、信息不透明、期限错配等高风险特点，促使商业银行过度承担风险，增加了金融系统的脆弱性，而商业银行与其他金融机构资金业务的密切往来更是加速了风险的交叉传染，容易引发系统性金融风险，影响金融体系的稳定，进而影响国民经济的发展。

防范和化解系统性金融风险已成为党和国家的重大方针政策。党的十九大报告中明确指出，健全金融监管体系，守住不发生系统性金融风险的底线；在 2017 年的全国金融工作会议中，习近平总书记也指出"防止发生系统性金融风险，是金融工作的根本性任务，也是金融工作的永恒主题"；2018 年的中央经济工作会议又提到要打好防范化解重大风险攻坚战。由此可见，研究商业银行影子银行业务对系统性金融风险的影响，无论是对于维持金融系统稳定运行，还是新常态下实体经济发展都非常关键。基于上述研究背景，本章以 A 股 36 家上市银行为研究样本，从理论模型推导和实证模型检验两个层面分析影子银行业务的开展如何影响系统性金融风险，并据此提出相应的政策建议，以规范影子银行业务的发展，有效防范系统性金融风险的爆发。这一研究有利于货币或监管部门针对当前的金融经济环境制定更加科学的宏观调控政策，保证现阶段中国金融市场的健康运行和实体经济的平稳发展。

关于何为系统性金融风险，学术界并未给出一个非常标准的概念，但形成了基本共识，即系统性金融风险是金融系统本身所特有的，是不可消除的。美国学者克罗凯特（Crokett，1977 年）最早提出系统性金融风险这一概念。金融稳定理事会（FSB）把系统性金融风险定义为由国家政策、经济周期、宏观经济金融形势以及重点系统金融机构等多种因素引发的，导致金融体系整体出现危机、破产，从而威胁一个国家经济正常运行甚至引起世界经济危机的事件总和或是过程总和。王朝阳和王文汇（2018）从四个角度定义了系统性金融风险，总体认为系统性金融风险通常由内外部因素共同作用引起，内部因素主要表现为金融脆弱性，而外部因素则表现为政策调整或宏观经济波动，能够通过机构间关联网络进行传播扩散，同时会引发金融功能失灵和市场恐慌蔓延。

从已有文献来看，系统性金融风险的测度方法主要有两类：一类主要关注金融机构间的"传递性"，特别是金融部门间系统性风险的关联性，即通过 DCC-GARCH、Copula-CoVaR、CoVaR 和 CCA 等模型计算金融机构之间的风险溢出或极端风险依赖性来测度系统性金融风险（肖璞等，2012；梁琪等，2013；杨子晖等，2019；李政等，2019）；另一类主要关注整个金融体系的风险，即从股票、债券和外汇等各个子市场的维度选取基础指标，用特定的数理统计方法合成综合指数，从而对系统性金融风险程度进行全面评估（Illing 和 Liu，2003；许涤龙和陈双莲，2015；陶玲和朱迎，2016；方芳和林海涛，2017）。

本章所研究的影子银行业务基于商业银行这一主体，是商业银行进行监管套利开展的业务。如第 4 章所述，商业银行影子银行业务会加大银行的违约风险。这种关联性使影子银行的风险容易传导至具有系统重要性的银行部门，从而引发系统性金融风险。然而，当前学术界关于我国影子银行与系统性金融风险之间关系的研究并未达成一致，存在两种截然不同的观点。

第一种观点：两者间关系较弱，甚至不存在关联性。

早期研究认为影子银行在冲击银行存款加剧市场竞争的同时，可以增加银行收入的多样性，缓解银行风险（Epstein，2005）。银行通过资产证券化不仅将部分银行信贷风险转移给外部投资者，进而使风险被整个资本市场分担，还可以提高银行资产流动性，即影子银行降低了系统性风险（Gorton 等，2010）。Gennaioli 等（2013）发现，当参与者低估尾部风险时，影子银行才会导致系统性风险甚至金融危机的发生。Anginer 等（2014）运用跨国数据发现激烈的银行竞争带来银行业务多元化后的风险分散效应占优，并会降低银行系统风险。影子银行体系中提供非关联委托贷款的公司大多资本充足，贷款公司庞大的股本缓冲成为房地产行业和银行业之间的防火墙，从而降低了系统性风险（Allen 等，2019）。

与发达国家相比，我国影子银行业务的发展尚处在初级阶段，其实质仍然是商业银行信贷业务，是传统贷款业务的线性延伸，除对少数地区或个别领域产生金融稳定压力外，对整个金融系统的稳定尚未造成实质威胁（巴曙松，2013；刘荣和崔琳琳，2013；丁汝俊和张明军，2013；裘翔和周强龙，2014）。此外，我国影子银行业务的发展一方面不仅提高了银行资产的多元化程度，强化了商业银行与其他金融机构之间的联系；另一方面影子银行业务风险主要来自信贷类产品本身，风险比较独立，因此，影子银行业务的发展不仅不会加大银行自身风险，反而会分散银行个体风险。个体风险已经分散，就不会扩散到其他金融机构，因而对系统性金融风险影响较弱，两者间关联性甚微（陆晓明，2014；涂晓枫和李政，2016）。

第二种观点：两者间显著正相关。

更多学者则持有第二种观点，即认为我国影子银行可能产生系统性金融风险。这主要源自三个方面的因素。

首先，影子银行自身具有的风险可能引致系统性金融风险。商业银行的影子银行业务作为一种类信贷业务，通过突破业务界限的杠杆操作来规避金融监管，具有期限错配及高杠杆率等特性，无疑会加大流动性风险和信用违约风险，进而扩散风险，引发系统性金融风险（Markus 等，2009；何德旭和郑联盛，2009；Gorton 等，2010；李向前等，2013；Song 和 Hachem，2015；郭娜等，2018）。

其次，一些影子银行的业务累积了系统性风险。随着正规金融业务越来越多地参与到影子银行业务中，我国影子银行业务的发展模式也从银信单一渠道演变为多渠道并存，影子银行体系与其他金融机构之间的关联性不断增强，且关联性越大，风险传染效应越显著，会进一步加剧系统性金融风险（赵蔚，2013；郑联盛，2014；IMF，2014；林琳等，2016；胡利琴等，2017）。我国商业银行在很大程度上参与了信托公司的证券化和结构性投资，但未实现风险的完全隔离，互联网技术快速传播以及互联网金融跨市场、跨行业运作的特点，强化了风险的内在关联性，此外普遍存在的委托贷款、民间金融等影子银行形式会加剧系统性风险（李蔚和苏振天，2012；冯建秀和张国祚，2016）。

最后，监管不足可能造成系统性风险。影子银行往往是通过延长金融工具链条来进行交易，但由于业务存在监管缺失、过度交易、期限错配等高风险特点，使整个链条非常容易发生断裂（Delis 和 Kouretas，2011）。袁达松（2012）认为影子银行对金融体系带来的主要威胁是系统性风险和监管套利，而鲁篱和潘静（2014）则更强调监管套利诱发系统性风险。林琳等（2016）认为正是对影子银行信贷扩张行为的疏于监管才形成了复杂的影子银行系统，并在经济上升期累积了大量金融风险。隐性担保使刚性兑付成为中国影子银行独有的特征，商业银行表内外资产腾挪其实质是强化了金融风险的传染效应（李建强等，2019）。

5.1　理论建模

5.1.1　影子银行业务引发系统性金融风险的因素

影子银行的运营模式表现在商业银行上主要体现在两个方面：一是商业

第5章 商业银行影子银行业务与系统性金融风险

银行的表内业务（资产负债表上反映的业务），商业银行通过运作将不能直接贷给企业和个人的资金，贷给符合条件的机构，通过这些机构再转借给企业和个人，如买入返售类业务、应收款项类投资业务等；二是商业银行的表外业务（商业银行从事的、按照现行的会计准则不计入资产负债表内、不形成现实资产负债却能给银行带来收益的业务，表外业务主要有担保业务、承诺业务以及金融衍生交易类业务），商业银行通过发行理财产品筹集资金，再将资金贷给企业和个人。当然，商业银行从事的影子银行业务不止这些，还有银行间市场业务，商业银行通过银行间市场从事的影子银行业务有直接购入（发生在同行拆借市场），也有买入返售附有收益权的金融资产（发生在由票据市场、债券市场及相关衍生品市场组成的金融工具交易市场）等。

商业银行开展影子银行业务的主要目的是完成贷款项目的表内挪移，将本来受到各种监管的贷款转化为较少受到监管甚至不受监管的其他资产科目。商业银行开展影子银行业务的后果之一是会增加整个系统的流动性不足。银行间市场业务一般是短期交易，而影子银行业务没有二级市场，因此存在将筹措的短期资金投资于缺乏流动性的长期金融工具的现象，即"短存长贷"。具体来说，商业银行影子银行引发系统性金融风险的因素主要包括信用转换、期限错配、流动性转换和高杠杆四个方面。

5.1.1.1 信用转换

利用信用转换系数来衡量商业银行影子银行业务对整个商业银行所造成的风险。具体来说，信用转换系数是衡量表外业务转换为表内业务的风险程度的指标。具体算法是将商业银行表外业务资产项目本金数额乘以信用转换系数，得出的数额根据表内同等性质进行加权，获得相应的风险权重资产数额，最后按标准资本充足比率来对这些表外业务进行分配资金。表外业务的信用转换系数如表5-1所示。

表5-1 表外业务的信用转换系数　　　　　　　　　　单位：%

项目	信用转换系数
等同于贷款的授信业务	100

续表

项目	信用转换系数
与某些交易相关的或有负债	50
与贸易有关的短期或有负债	20
承诺	0
原始期限不足一年的承诺	0
原始期限超过一年的承诺	50
可随时无条件撤销的承诺	0
其他承诺	0
信用风险仍在银行的资产销售和购买协议	100

在信用转换方面，银行对于资产的风险权重有细致的划分，但是由于影子银行的传导，资金的实际流向、期限与银行贷款的流向、期限不匹配，在风险权重上存在极大差别，以至于产生庞大的信用敞口，这种敞口一旦发生就是不可逆的，易造成金融市场的流动性变化，从而加大系统性金融风险。

5.1.1.2 期限错配

期限错配是指风险缓释的期限比当前风险暴露的期限短，或者说，资产端期限与负债端期限不匹配，主要表现为"短存长贷"。期限错配会导致资金链断裂，引发无法偿还投资人本息的流动性风险，进而加大系统性金融风险。

5.1.1.3 流动性转换

流动性风险是期限错配的结果，即商业银行从事影子银行业务会增加整个金融系统的流动性不足。一般来说，银行间市场业务都是短期业务，而其影子银行业务又没有二级市场，因此会出现利用流动性好的短期存款来发放流动性差的长期贷款的现象，即"短存长贷"。从表面上看似乎提高了资金的使用效率，但却导致了整个金融系统对短期资金的需求，这种流动性转换会使商业银行资产负债表非常脆弱，从而增加了流动性风险，扩大了系统性金融风险。

5.1.1.4 高杠杆

商业银行从事的影子银行业务具有较高的杠杆性，而高杠杆会造成系统性金融风险的扩大。金融杠杆率越高,系统性金融风险就越大。而系统性金融风险可被视为金融不稳定的极端尾部事件,不利于金融系统的稳定运营。

综上所述,由于信用转换会造成期限错配,而期限错配会引发流动性风险,因此,商业银行影子银行业务引发系统性金融风险的四大因素可归纳为流动性风险和高杠杆两大因素。

5.1.2 流动性风险对系统性金融风险的影响

5.1.2.1 流动性风险的测度

当前商业银行流动性风险的衡量方法主要体现出两大特点:一是静态性,二是动态性。静态特点反映了在某一时点上,商业银行资产负债表内业务以及业务之间的内部关联性;动态特点反映了银行潜在的流动性需求以及银行满足需求的能力。下文将从这两大特点来介绍商业银行流动性风险的衡量方法。

(1) 静态分析法。

从静态的角度来看,一般从资产结构、负债结构以及资本充足程度等方面来衡量某个时间段内商业银行的流动性风险状况,具体来说,主要包括以下指标:贷款/存款、流动性资产/总资产、流动性资产/购买负债、临时投资/总资产、贷款及租赁/总资产、股本/总资产、核心存款/总资产、活期存款占比八大指标。静态流动性风险的衡量指标有计算简单、操作方便等特点,但衡量的时效性不足,不能真实反映银行的流动性风险,因此,商业银行现在很少采用静态分析法,大多采用动态分析法。

(2) 动态分析法。

流动性风险的动态度量采用相对复杂的分析框架,即框架分析法,可以动态地将更多的因素纳入银行的流动性风险评估,从而实时动态地分析商业银行的流动性。这些分析方法主要包括:一是流动性缺口。流动性缺口是指商业银行不同期限的到期资产与负债之间的缺口。一般测量周期从一周、半个月、一个月、三个月、半年到一年不等。由于商业银行的资产负债表在不断变化,近年来,商业银行提出了"边际流动性缺口"这一术语。边际流动性缺口反映了商业银行资产和负债之间的差异,银行可以比较每期的资产负债情况，找出流动性的过剩或不足，有助于银行了解当前资产负债的错配情况，进而了解未来的资金需求。二是流动资产净值。净流动性资产以商业银行的资产和负债为基础。参照资产负债表，我们可以分析净流动性资产的基本框架。在资产负债表的左侧，商业银行的资产按其特性分为流动性资产和非流动性资产；在资产负债表的右侧，商业银行的负债按其特征分为稳定负债和不稳定负债。三是基于久期的流动性风险度量。商业银行的流动性风险根源于资产负债期限错配及其引发的其他风险。久期指的是债务工具的加权到期时间，其计算公式如下：

$$D=\sum_{t=1}^{T}w(t)\times(t/m) \tag{5-1}$$

其中，D 表示久期，t 表示现金流的序次数，m 表示每年发生的现金流次序。就商业银行而言，如果在某段时间内，银行的资产和负债的平均期限接近，则说明该段时间内银行的流动性是好的，否则就是差的。设商业银行的资产和负债的资产期限有 n 种，资产的数量为 x_1，x_2，…，x_n，负债为 y_1，y_2，…，y_n，那么在第 i 期，资产与负债之间的差额为 $\Delta_j = x_j - y_j$，可以明显地发现，Δ_j 不是负债的一部分，就是资产的一部分。对于组合 Δ_j 来说，则有久期 D 为：

$$D=\sum_{j=i}^{n}\left[(x_j-y_j)/\sum_{j=i}^{n}\Delta_j\right]\times D_i \tag{5-2}$$

根据公式（5-2）可得，当 D>0 时，资产的平均到期时间小于负债的平均到期时间，银行的流动性风险状况良好；当 D<0 时，资产的平均到期时间大于负债的平均到期时间，银行很容易产生支付困难和流动性问题。

5.1.2.2 构建中国金融压力指数

利用中国金融压力指数与其长期趋势的偏离度，可以识别中国金融市场的系统性压力期，对中国金融体系做出预警，提醒决策者金融体系可能面临的系统性金融风险。构建连续金融压力指数是衡量和监控系统性金融风险的重要方法。金融压力指数可以用来表示金融不稳定的严重程度，识别系统性金融风险的时期，进而预警金融危机的可能性。

中国金融压力指数（CNFSI）包含来自中国银行业（银行间市场）、证券

(股票)市场、外汇交易市场和债券市场的八个指标,即银行风险利差、不良贷款率和银行的贷存比(银行业—银行间市场),上海股票市场综合指数(股票市场),汇率和外汇储备(外汇交易市场),以及债券风险利差与主权风险利率差(债券市场)。本书研究的是商业银行的影子银行业务对系统性金融风险的影响。因此,我们只需要说明中国金融压力指数的第一个分指数,也就是中国银行业(银行间市场)的压力指数。

中国金融压力指数的第一个分指数通过三个指标来反映银行业的系统性压力,包括风险利差、不良贷款率和总贷存比。因此,我们可以具体测度出 $CNFSI_1$(中国金融压力指数的第一个分指数)如下所示:

$$CNFSI_1 = I_1 + I_2 + I_3 \tag{5-3}$$

其中,I_1 表示风险利差,银行业的风险利差是风险利率和无风险利率之间的差值,反映银行间的流动性约束和对违约风险的预期,通过中国银行间市场 3 个月拆借利率和 3 个月政府债券利率的差值来计算;I_2 表示不良贷款率,国有商业银行的不良贷款率,是指金融机构不良贷款占总贷款余额的比重,反映整个中国银行系统面临的压力;I_3 表示总贷存比,贷存比则测量中国银行业面临的信贷约束和违约风险。

5.1.2.3 流动性风险对系统性金融风险的影响

(1) 因变量的选择。

将金融压力指数的第一个分指数 $CNFSI_1$ 转换为用 0 或 1 表示的风险事件值 L。一般情况下,临界值由金融压力指数的平均值和 N 倍的标准差之和得到,风险事件值由实际值与临界值的大小关系决定,N 的取值直接决定了所识别出的系统性金融风险时期和系统性金融风险数量,通常 N 的取值有 0.75、1.5、2、3。本章借鉴货币危机压力指数模型取 N=1.5,此时临界值预警效果最好。

$$L = \begin{cases} 1 & CNFSI_1 > \overline{CNFSI_1} + 1.5 StDev_{CNFSI_1} \\ 0 & CNFSI_1 \leq \overline{CNFSI_1} + 1.5 StDev_{CNFSI_1} \end{cases} \tag{5-4}$$

在公式(5-4)中,L=1 表示在第 t 期发生系统性金融风险,L=0 表示没有发生系统性金融风险，$StDev_{CNFSI_1}$ 表示风险压力指数的标准差。

（2）自变量的选择。

根据资产负债表可知，总资产为负债和所有者权益的总和。因此设总资产为 A（A>0），流动性资产为 B，临时存款为 C，贷款资产为 E（也可以狭义理解为负债），存款资产为 F，租赁费用为 G，股本为 H，核心存款（稳定性存款）为 K，活期存款为 M。这些变量的关系为 A>B>F>C>G>0。与此同时，A>H，A>K。这些变量如表5-2所示。

表5-2 流动性风险的静态衡量指标

指标	变量名称	变量表达
贷/存比	X_1	E/F（50%为商业银行的盈亏平衡点）
流动性资产/总资产	X_2	B/A
流动性资产/购买负债	X_3	B/E
临时投资/总资产	X_4	C/A
贷款、租赁/总资产	X_5	(E+G)/A
股本/总资产	X_6	H/A
核心存款/总资产	X_7	K/A
活期存款占比	X_8	M/F
久期	D	式（5-2）

根据以上分析可以看出，变量 X_1 可能会超过100%，它衡量了商业银行的总体流动性；变量 X_2 一定比变量 X_3 小，这是因为总资产 A 大于购买负债 E，变量 X_2 和 X_3 衡量商业银行流动性的不同，X_2 衡量的是商业银行的资产变现能力，X_3 衡量的是商业银行资产的流动能力；X_4 和 X_5 分别衡量的是商业银行最高流动性资产和最低流动性资产占总资产的比例，但在总体的资产负债中并不代表 C 一定会大于 E+G；变量 X_6 衡量的是商业银行的资本充足情况；变量 X_7 衡量的是商业银行核心存款依存度；变量 X_8 描述的是商业银行存款结构对流动性的影响。

(3) 建立公式。

$$Y_t = \beta_0 + \beta_1 E/F + \beta_2 B/A + \beta_3 B/E + \beta_4 C/A + \beta_5 (E+G)/A + \beta_6 H/A + \beta_7 K/A + \beta_8 M/F + \beta_9 D \tag{5-5}$$

也可以写成如下形式：

$$Y_t = \beta_0 + \beta_1 X_1 + \beta_2 X_2 + \beta_3 X_3 + \beta_4 X_4 + \beta_5 X_5 + \beta_6 X_6 + \beta_7 X_7 + \beta_8 X_8 + \beta_9 D \tag{5-6}$$

其中，Y_t 表示 t 时期系统性金融风险的被解释变量，$\beta_1 \sim \beta_9$ 表示自变量序列的参数。D 表示久期，计算公式为 $D = \sum_{j=1}^{n}[(x_j - y_j)/\sum_{j=1}^{n}\Delta_j] \times D_i$，具体表达同前文。

接下来将这些变量求积分，公式如下：

$$S = \int_a^b X_2 dx_2 = \int_a^b B/A d(B/A) \tag{5-7}$$

在公式（5-7）中，由于商业银行的总资产 A、流动性资产 B 都大于 0，所以积分的上下限 a 和 b 都大于 0，故积分 S 也大于 0。同理可得上述变量的积分也会大于 0，所以可以得出自变量对因变量是有促进作用的。由此可以得出商业银行流动性的变化对系统性金融风险有促进作用。也就是说，商业银行的流动性风险会加大系统性金融风险，造成金融危机。

5.1.3 金融杠杆对系统性金融风险的影响

假设金融杠杆与系统性金融风险呈非线性关系。系统性金融风险可被视为金融不稳定的极端尾部事件。基于投资组合视角考察信用组合风险，因此，组合的总损失为：

$$L = \sum_{i=1}^{n} L_I = \sum_{i=1}^{n} x_i s_i d_i \tag{5-8}$$

其中，n 表示违约资产数量，x_i 表示在险价值，s_i 表示违约损失率，d_i 表示发生违约的示性函数（若资产发生了违约，$d_i = 1$，否则为 0）。按照系统性金融风险的说法，需要寻找联合违约的模型估计尾部损失概率 $p_i = P(L > x) = E$，引入金融资产账面价值：

$$B_i = \frac{\ln L_i - nT}{\sigma_i} \tag{5-9}$$

其中，T 表示时间期限（因为金融的资产账面需要引入期限变量），σ_i 表示计算尾部损失的标准差。同时考虑到微观违约杠杆率 $L_i=K_i/V_i$，这里 K_i 为企业债务值，V_i 为企业价值。考虑结构化金融模型，引入多元正态变量 $W=(W_1, W_2, \cdots, W_n)$，其中，

$$W_i = \frac{\ln V_i - nT}{\sigma_i} \tag{5-10}$$

具有后尾特征的系统性金融风险可描述为 $P(D_i=1)=P(W_i<B_i)=I$，即 $W_i \leq \emptyset^{-1}(p_i)$，则第 i 个资产是违约的 W_i 间的关联性可以通过因子模型设定：

$$W_i = \sum_{k=1}^{n} m_{ik} Z_k + b_i \varepsilon_i \tag{5-11}$$

其中，Z_k 表示系统性风险因子，ε_i 表示非系统性风险因子，m 和 b 是因子相关系数。根据风险影响因素的特征，可知：

$$b_i^2 + \sum_{k=1}^{n} m_{ik}^2 = 1 \tag{5-12}$$

根据系统性金融风险指数的扭曲性和抽样技术，随金融资产的组合损失 L 进行指数扭曲，扭曲系数为 θ，那么就会有：

$$P_{i,\theta} = \frac{P_i \varepsilon^{\theta x_i}}{1+P_i(\varepsilon^{\theta x_i}-1)} \times \frac{1-\emptyset(1-L_i x_i)}{\emptyset(1-L_i x_i)} \tag{5-13}$$

在抽样技术中选择一个中性违约概率 q_i，对原抽样得到的违约概率结果进行风险折扣，系统性金融风险为：

$$P_i = P(L>x) = E(D_i=1) = E\left[D(L>x) \prod_{i=1}^{n} \left(\frac{p_i}{q_i}\right)^{D_i} \left(1-\frac{p_i}{q_i}\right)^{1-D_i}\right]$$

$$= P_{i,\theta} \prod_{i=1}^{n} \left(\frac{p_i}{q_i}\right)^{D_i} \left(1-\frac{p_i}{q_i}\right)^{1-D_i} \tag{5-14}$$

在经过指数扭曲之后对应的极大似然比 $\prod_{i=1}^{n} \left(\frac{p_i}{q_i}\right)^{D_i} \left(1-\frac{p_i}{q_i}\right)^{1-D_i}$ 趋向于：

$$\prod_{i=1}^{n} \left(\frac{p_i}{q_i}\right)^{D_i} \left(1-\frac{p_i}{q_i}\right)^{1-D_i} \to e^{-\theta L + \emptyset(\theta)} \tag{5-15}$$

这里的 Ø(θ) 又称为变换因子，即：

$$\emptyset(\theta)=\ln E(e^{\theta L})=\sum_{i=1}^{n}\ln[1+p_i(e^{\theta x_i}-1)] \tag{5-16}$$

通过结构化模型可构建出系统性金融风险和金融杠杆呈非线性关系。同时，也可得证出系统性金融性风险对金融杠杆的影响为促进作用。金融杠杆对系统性金融风险的影响呈正相关，这说明金融高杠杆会加大系统性金融风险的发生，甚至造成金融危机。

5.2 系统性金融风险的估算

5.2.1 CoVaR 方法简介

系统性金融风险的测度可以使用 Adrian 和 Brunnermeier（2016）的条件在险价值 CoVaR 模型（白雪梅和石大龙，2014；王妍等，2019；王妍和王继红，2019）。CoVaR 是单一机构陷入困境条件下金融系统的在险价值（VaR），并且系统性金融风险贡献定义为金融机构困境条件下的 CoVaR 和正常条件下的 CoVaR 之差，即 ΔCoVaR。用这一方法能准确地测算出商业银行业务对金融系统的风险，也能准确地测算出风险溢出效应。所以接下来推导 VaR 方法和 CoVaR 方法。

5.2.1.1 VaR 方法

VaR（在险价值）是指在市场正常波动下（一定概率水平或者置信度下），某一金融资产或证券组合的最大可能损失。VaR（在险价值）的公式表达如下：

$$P(\Delta P \Delta t \leqslant VaR)=a \tag{5-17}$$

其中，P 表示资产价值损失小于可能损失上限的概率；ΔP 表示某一金融资产在一定持有期 Δt 的价值损失额；VaR 表示给定置信水平 a 下的在险价值，即可能的损失上限；a 表示给定的置信水平。VaR 从统计意义来讲，本身是个数字，是指面临"正常"的市场波动时"处于风险状态的价值"，在给定的置信水平和一定的持有期限内，预期的最大损失量（可以是绝对值，也可以是相对值）。

5.2.1.2 CoVaR 方法的静态模型

CoVaR 方法是 VaR（在险价值）的改进。CoVaR 是专门测算金融体系系统性风险的方法。这种方法能很好地测度系统性风险的外部性和溢出效应。与评估单个机构风险的 VaR 方法不同，CoVaR 表示在一定的概率水平下，当某一金融机构的风险 VaR 值一定时，其他金融机构的最大可能损失。

在商业银行 i 陷入危机，其损失为 VaR_q^i（在险价值）时，其他机构 j 的在险价值（VaR），其数字表达式如下：

$$\Pr(X^j \leqslant CoVaR_q^{j|i} \mid X^i = VaR_q^i) = q \tag{5-18}$$

其中，X^i 表示商业银行 i 的收益率。通过 CoVaR，可以测度单个商业银行破产对系统性风险的影响，从而可以量化单个商业银行对金融体系的重要性。假定 j 是整个金融系统，商业银行 i 对整个金融系统 j 的系统性风险贡献，即：

$$\Delta CoVaR_q^{system|i} = CoVaR_q^{system|x^i=VaR_q^i} - CoVaR_q^{system|X^i=Median} \tag{5-19}$$

根据 CoVaR 方法的定义，当商业银行 i 的损失为 VaR_q^i，收益率为 X^i，因为 $X^i = VaR_q^i$，所以商业银行的收益率也可以表示为 VaR_q^i，这时在商业银行 i 损失为 $X^i = VaR_q^i$ 的情况下：

$$X_q^{system|X^i} = \hat{\alpha}_q^i + \hat{\beta}_q^i X^i = \hat{\alpha}_q^i + \hat{\beta}_q^i VaR_q^i \tag{5-20}$$

其中，$X_q^{system|X^i}$ 表示一定置信区间下，商业银行 i 发生风险事件损失为 X^i 的条件下，整个金融系统的 q 分位数损失估计值，从而根据 VaR 的定义，可以得到：

$$CoVaR_q^{system|X^i} = X_q^{system|X^i} \tag{5-21}$$

因此，金融系统的预期收益率 $CoVaR_q^{system|X^i=VaR_q^i}$ 可以表示为：

$$CoVaR_q^{system|X^i=VaR_q^i} = \hat{\alpha}_q^i + \hat{\beta}_q^i VaR_q^i \tag{5-22}$$

结合公式（5-19）和公式（5-22）可以得出商业银行对整个系统性风险溢出值为：

$$\Delta CoVaR_q^{system|i} = CoVaR_q^{system|X^i=VaR_q^i} - CoVaR_q^{system|X^i=Median}$$
$$= [\hat{\alpha}_q^i + \hat{\beta}_q^i VaR_q^i] - [\hat{\alpha}_q^i + \hat{\beta}_q^i VaR_{50\%}^i]$$
$$= \hat{\beta}_q^{system|i}(VaR_q^i - VaR_{50\%}^i) \quad (5-23)$$

其中，q=50%是指在正常情况下商业银行 i 的 $VaR_{50\%}^i$，而分位数 q=5% 是指在发生风险时间 X^i 下商业银行 i 的 $VaR_{50\%}^i$。

公式（5-18）至公式（5-23）的推导表现了商业银行对整个金融体系统性风险的影响，但是是静态的，不随时间的推移而变化，因此还需要推导出 CoVaR 方法的动态模型。

5.2.1.3 CoVaR 方法的动态模型

CoVaR 方法的动态模型引入了状态变量 M，将收益率看作状态变量的函数。运用分位数回归模型得到各个商业银行的 VaR 和 CoVaR 值。引入状态变量，随着时间的推移，风险传递会有滞后性，各个状态变量也会存在滞后性，状态变量的变化表明了随着时间推移各商业银行尾部风险特征。动态的 CoVaR 方法计算方式如下：

$$X_t^i = \alpha_q^i + \gamma_q^i M_{t-1} + \varepsilon_q^i \quad (5-24)$$

$$X_t^{system|i} = \alpha_q^{system|i} + \beta_q^{system|i} X_t^i + \gamma_q^{system|i} M_{t-1} + \varepsilon_q^{system|i} \quad (5-25)$$

运用上述分位数回归方程的参数估计值可以计算得到 VaR 和 CoVaR 值为：

$$VaR_{q,t}^i = \hat{\alpha}_q^i + \hat{\gamma}_q^i M_{t-1} \quad (5-26)$$

$$CoVaR_{q,t}^{system|i} = \hat{\alpha}_{q,t}^{system|i} + \hat{\beta}_{q,t}^{system|i} VaR_{q,t}^i + \hat{\gamma}_{q,t}^{system|i} M_{t-1} \quad (5-27)$$

结合公式（5-19）和公式（5-27）可以得出商业银行在动态条件下的 CoVaR 值：

$$\Delta CoVaR_{q,t}^{system|i} = CoVaR_{q,t}^{system|X^i=VaR_q^i} - CoVaR_{q,t}^{system|X^i=Median}$$
$$= [\hat{\alpha}_{q,t}^{system|i} + \hat{\beta}_{q,t}^{system|i} VaR_{q,t}^i + \hat{\gamma}_{q,t}^{system|i} M_{t-1}] - [\hat{\alpha}_{q,t}^{system|i} +$$
$$\hat{\beta}_{q,t}^{system|i} VaR_{50\%,t}^i + \hat{\gamma}_{q,t}^{system|i} M_{t-1}]$$
$$= \hat{\beta}_{q,t}^{system|i}(VaR_{q,t}^i - VaR_{50\%,t}^i) \quad (5-28)$$

由公式（5-28）就可以测算出每个商业银行发生影子银行业务时，对金融系统性风险的贡献。

综上所述，VaR 和 CoVaR 两种方法有很大的不同。VaR 方法无法有效地测度出分位点下方的风险状况，对尾部损失的测度不充分、不精准，即无法测算到发生金融危机时的风险，会面临巨大的损失；而 CoVaR 方法则反映的是尾部损失超过 VaR 的平均值，它会满足一致性风险度量的所有性质和凸性，能实现风险的充分精准测度，因此可以更准确地测度系统性风险。

5.2.2 我国系统性金融风险的估算

金融风险一般恰恰是由尾部事件（Tail Event）引起的，基于此，本部分运用分位数回归（Quantile Regression）来计算各个不同金融机构的 CoVaR。

首先，采用公式（5-29）计算各个金融机构的月收益率。

$$R = 100 \times \ln(Pt/Pt-1) \tag{5-29}$$

其中，Pt 表示该上市金融机构股票月收盘价，R 表示各上市金融机构的月收益率。

其次，金融系统的月收益率由所有金融类上市公司的月收益率加权得到，计算公式为：

$$R_t^{system} = \sum_i \frac{w_t^i}{\sum_j w_t^j} R_t^i \tag{5-30}$$

其中，权重 w 表示各上市金融机构的流动市值，R_t^i 表示各上市金融机构 i 的月收益率，w_t^i 为各上市金融机构 i 的流动市值，$\sum_i w_t^i$ 表示金融机构 i 所在行业 j（如银行、保险、信托、券商等）流动市值的总和，R_t^{system} 表示金融系统的月收益率。

最后，计算各上市金融机构对系统性风险贡献的时间序列所采用的状态变量及计算方法（白雪梅和石大龙，2014），如表 5-3 所示，其中，状态变量采用月度数据，样本区间为 2010 年 1 月至 2020 年 12 月。国房景气指数来源于凤凰财经，其他数据均来自 Wind 数据库。

表5-3 状态变量描述及计算方法

状态变量	变量描述及计算方法
M1	沪深300指数波动率，代表市场平均回报率，M1=（本月沪深300指数收益率-上月沪深300指数收益率）/上月沪深300指数收益率
M2	利差趋势变量，用3个月期国债利率的变化表示
M3	短期流动性趋势变量，代表金融市场短期流动性紧缩程度，用3个月期银行质押回购利率和3个月期中国国债利率差表示
M4	国房景气指数，反映金融机构主要资产房地产市场的价格波动
M5	美国收益率曲线变化，代表世界经济周期的变化，用10年期和3个月期美国国库券收益率利差表示
M6	中国收益率曲线变化，代表中国经济周期的变化，用10年期和3个月期中国国库券收益率利差表示

在测算CoVaR与收益率的时间序列前，需要对数据进行正态性检验与平稳性检验。通过检验发现，除中国太保外，所有收益率序列的Jarque-Bera统计量对应的p值均小于0.05，即收益率序列均不呈正态分布；从收益率序列的峰度来看，所有收益率序列的峰度均大于正态分布时的峰度3；从收益率序列的Q-Q图来看，各收益率序列均呈现顶端向下弯曲、底部向上翘起的特征，这两个特点均表明收益率序列呈现典型的"尖峰厚尾"特征，因此，在估计时采用分位数回归的方法更加准确。为防止出现伪回归，在分位数回归之前需要对收益率序列进行平稳性检验。根据ADF检验的结果，所有收益率序列ADF检验t统计量对应的p值均接近于0，即所有的收益率序列都是平稳序列。本章所有分位数回归均采用5%分位数水平。

5.3 样本、变量和数据

5.3.1 样本的选取与数据来源

本章以36家A股上市银行为研究对象，选取2010~2020年的相关数据展开研究（系统性金融风险值的样本区间为 2011~2020 年，其余变量均滞后一期，为 2010~2019 年）。样本的财务数据及影子银行业务的相关数据来自 Wind 数据库，宏观层面的数据主要来自中经网，各省份的数据来自各省统计年鉴，系统性金融风险值即 CoVaR 值通过 R 语言计算所得。剔除了数据过少、不满足研究要求的银行样本，部分商业银行年度缺失数据由各银行官网所披露年报补充，并参考了国泰安、东方财富等数据库，最终得到 36 家 A 股上市银行的 237 组非平衡面板数据。数据处理使用 Stata16.0 软件进行。为减少异常值的影响，对变量进行了 1% 和 99% 的缩尾处理（Winsorize）。

5.3.2 变量的选取及其定义

5.3.2.1 被解释变量：系统性金融风险

系统性金融风险的测度可以使用 Adrian 和 Brunnermeier（2016）的条件在险价值 CoVaR 模型（白雪梅和石大龙，2014；王妍等，2019；王妍和王继红，2019）。CoVaR 是单一机构陷入困境条件下金融系统的在险价值（VaR），并且系统性金融风险贡献定义为金融机构困境条件下的 CoVaR 和正常条件下的 CoVaR 之差，即 $\Delta CoVaR$。用这一方法更能准确地测算出商业银行影子银行业务对系统性金融风险的影响，也能准确地测算出风险溢出效应。如前文所述，将 36 家 A 股上市银行的 CoVaR 值一一算出。由于影子银行业务对系统性金融风险的影响存在滞后效应，因此，本章中的被解释变量采用 t+1 期的数据，即采用 $CoVaR_{t+1}$。

5.3.2.2 解释变量：影子银行业务规模

由前文分析可知，本章将买入返售金融资产和应收款项类投资的期末余额之和作为商业银行影子银行业务（shadow）的绝对规模，将绝对规模除以其总资产来核算商业银行影子银行业务的相对规模，即

$$shadow = （买入返售金融资产 + 应收款项类投资）/ 银行总资产 \qquad (5-31)$$

5.3.2.3 控制变量

由于商业银行的影子银行业务规模和系统性金融风险均易受到银行自身条件及外部经济环境等多种因素的影响，若将这些因素作为控制变量引入模

型中必然会强化模型的精确度。因此，借鉴顾海峰和杨立翔（2018）的研究，主要从银行自身、所在省份以及国家三个层面来选取一些重要变量加入到模型中充当控制变量，以最大限度得到模型的无偏估计。具体如下：一是银行个体层面，包括银行资产规模 size、股权集中度 shr3、资产收益率 roa、存贷比 dl、不良贷款率 npl、资本充足率 car、非利息收入 nii、净息差 nim。二是省级层面，包括地区金融发展程度 FD（存款总额占 GDP 的比例）、市场化指数 market。三是宏观经济层面，包括货币和准货币增速 m2、同业拆借利率 shibor、国内生产总值 gdp。如表 5-4 所示。

表 5-4 变量的定义和说明

变量类型	符号	变量名称	变量说明
被解释变量	$CoVaR_{t+1}$	系统性风险值	应用分位数回归法计算的 Covar 值
解释变量	shadow	影子银行业务规模	（买入返售类金融资产+应收款项类投资）/银行总资产
控制变量	size	银行资产规模	ln（银行资产总计+1）
	shr3	股权集中度	前三大股东持股比例
	roa	资产收益率	净利润/资产总计
	dl	存贷比	贷款余额/各项存款余额
	npl	不良贷款率	不良贷款/贷款总额
	car	资本充足率	资本净额/加权风险资产
	nii	非利息收入	非利息收入/总资产
	nim	净息差	利息净收入/银行全部生息资产
	FD	地区金融发展	存贷款总额/GDP
	market	市场化指数	樊纲、王小鲁市场化指数
	m2	货币和准货币增速	M2 增长率
	gdp	国内生产总值	国内生产总值
	shibor	同业拆借利率	同业拆借利率

5.3.3 模型构建

根据变量构建以下实证模型：

$$CoVaR_{i,t+1} = C_1 + \alpha_1 shadow_{i,t} + \beta_1 bankcontrol_{i,t} + \theta_1 procontrol_{j,t} + \Phi_1 coucontrol_t + e_{i,j,t} \tag{5-32}$$

其中，$CoVaR_{i,t+1}$ 表示第 i 家银行第 t+1 年所引发的系统性金融风险值；$shadow_{i,t}$ 表示第 i 家银行第 t 年影子银行业务占比，由于影子银行业务的开展对系统性金融风险的影响存在滞后效应，故在本实证模型中，自变量影子银行业务规模采用滞后一期的数据；$bankcontrol_{i,t}$ 表示第 i 家银行第 t 年的其他控制变量，包括银行资产规模 size、股权集中度 shr3、资产收益率 roa、存贷比 dl、不良贷款率 npl、资本充足率 car、非利息收入 nii 以及净息差 nim；$procontrol_{j,t}$ 表示银行所对应 j 省第 t 年的相关控制变量，包括地区金融发展程度 FD（存款总额占 GDP 的比例）及市场化指数 market；$coucontrol_t$ 表示国家层面第 t 年经济情况的相关控制变量，包括货币和准货币增速 m2、同业拆借利率 shibor 及国内生产总值 gdp。

5.4 实证结果

5.4.1 描述性统计

样本数据的描述性统计分析结果如表 5-5 所示。2009~2019 年 36 家上市银行的财务特征及其面临的外部经济环境有较为明显的差异，银行之间影子银行业务发展不均衡。各上市银行对系统性金融风险的贡献度也存在较大差异。

表 5-5 变量的描述性统计

变量	N	max	p50	min	mean	sd
$CoVaR_{t+1}$	237	31.05	3.92	0.00	5.85	6.23
shadow	237	0.39	0.08	0.00	0.10	0.09
size	237	12.62	10.02	6.57	9.90	1.56
roa	237	1.64	0.99	0.48	1.00	0.21

续表

变量	N	max	p50	min	mean	sd
dl	237	113.05	71.92	38.97	72.79	11.67
npl	237	2.47	1.34	0.38	1.28	0.42
nii	237	1.34	0.57	0.12	0.61	0.28
car	237	1.99	1.11	0.34	1.06	0.30
nim	237	3.81	2.34	1.25	2.36	0.42
shr3	237	18.24	5.54	0.80	6.30	3.70
FD	237	94.62	56.84	25.46	57.80	23.88
market	237	10.00	9.12	4.52	8.79	1.02
m2	237	28.50	11.30	8.10	12.33	5.13
gdp	237	10.60	6.90	6.10	7.46	1.27
shibor	237	5.13	3.46	1.37	3.50	0.94

5.4.2 基准回归

本章使用的模型是包含36个横截面维度和11个时间维度的面板数据，因此采用面板模型回归法。截面维度远远大于时间维度，属于非平衡面板数据。因其时间跨度较短，可以不考虑面板数据的非平稳性，也因此没有对数据做单位根检验和协整检验。本章的样本数据通过了F检验和Hausman检验，由此确定了应该建立固定效应模型。

影子银行业务的开展会增加银行资产的多元化，在一定程度上能起到分散银行风险的作用；但是，我国商业银行借助于通道业务开展的影子银行业务，必然会促使银行之间、银行与非银行金融机构之间形成复杂的网络联系，银行间的关联度越高，银行风险扩散性越强，从而加大系统性金融风险。

表5-6提供了2009~2019年影子银行业务对系统性金融风险的OLS、FE基本回归的估计结果。由于商业银行的有些影子银行业务发生在年末，因此，其对系统性金融风险的影响存在滞后效应，故系统性金融风险值采用（t+1）。其中，（1）列和（3）列是核心解释变量商业银行影子银行业务shadow对系统性金融风险$CoVaR_{t+1}$ FE分析的单独回归结果，影子银行业务shadow的系

数估计值均显著为正，由此可以反映出商业银行影子银行业务会扩大系统性金融风险。（2）列和（4）列是所有解释变量对系统性金融风险的回归结果，OLS分析与FE分析中影子银行业务shadow的系数估计值均显著为正。由此可见，固定效应模型更有效，且加入控制变量后，模型更有效，能反映随着影子银行规模的扩大，系统性金融风险逐渐增强这一现实。

表5-6 影子银行业务与系统性金融风险的回归结果

变量	（1） $CoVaR_{t+1}$	（2） $CoVaR_{t+1}$	（3） $CoVaR_{t+1}$	（4） $CoVaR_{t+1}$
shadow	22.410*** (3.44)	12.482* (2.18)	10.101 (1.22)	11.830** (2.64)
size	—	0.317 (0.61)	—	-0.037 (-0.04)
roa	—	-11.746 (-1.64)	—	-14.097* (-2.01)
dl	—	0.087 (1.14)	—	0.158** (2.47)
npl	—	-4.653*** (-5.84)	—	-5.061*** (-5.57)
nii	—	4.410 (1.16)	—	5.113 (1.09)
car	—	-10.322* (-2.14)	—	-10.812** (-2.32)
nim	—	3.190* (1.81)	—	3.621* (2.11)
shr3	—	0.056 (0.28)	—	-0.006 (-0.03)
FD	—	-0.067* (-2.17)	—	-0.076** (-2.26)
market	—	0.119 (0.22)	—	-0.239 (-0.43)

续表

变量	(1) $CoVaR_{t+1}$	(2) $CoVaR_{t+1}$	(3) $CoVaR_{t+1}$	(4) $CoVaR_{t+1}$
m2	—	0.668*** (4.87)	—	0.837 (1.70)
gdp	—	-2.268*** (-3.65)	—	-2.886 (-1.43)
shibor	—	2.424** (2.33)	—	3.401 (1.62)
Constant	3.579*** (3.97)	16.251 (1.63)	7.166*** (4.75)	20.437 (1.09)
Banktype	NO	NO	YES	YES
Year	NO	NO	YES	YES
Observations	237	237	237	237
R^2	0.114	0.482	0.292	0.506
Adj R^2	0.110	0.449	0.247	0.450

注：***、**和*分别表示在1%、5%和10%水平上显著。括号中为t值。本章下同。

5.4.3 调节效应分析

5.4.3.1 规模异质性分析

本章按照银行资产规模与规模均值的比较，将样本银行分为大规模与小规模两组，即银行资产规模高于均值的为大规模组，小于均值的则为小规模组。影子银行业务shadow对系统性金融风险$CoVaR_{t+1}$的银行规模分组回归结果如表5-7所示。其中，（1）列中的影子银行业务shadow在5%的显著性水平上正相关，（2）列中的系数也显著正相关，而（3）列中的影子银行业务shadow不显著，这表明相对而言，大型商业银行开展影子银行业务更容易引发系统性金融风险，即大型商业银行的影子银行业务的风险扩散效应更为显著，而中小型商业银行的影子银行业务不存在显著的风险扩散效应。这其中的原因可能是大型商业银行因为自身的战略地位，使其开展影子银行业务不仅易削弱银行自身的风险承担水平，且更容易影响整个金融体系，进而引发系统性金融风险。

表 5-7 银行规模异质性的回归结果

变量	全样本 $CoVaR_{t+1}$	大规模 $CoVaR_{t+1}$	小规模 $CoVaR_{t+1}$
shadow	11.830**	21.392*	−7.435
	(2.64)	(2.10)	(−0.89)
size	−0.037	−4.137	1.925**
	(−0.04)	(−1.78)	(2.38)
roa	−14.097*	−7.506	−12.321**
	(−2.01)	(−1.31)	(−3.02)
dl	0.158**	0.197**	0.140**
	(2.47)	(3.92)	(2.35)
npl	−5.061***	−2.901**	−4.746***
	(−5.57)	(−2.62)	(−5.69)
nii	5.113	6.005	0.929
	(1.09)	(1.38)	(0.52)
car	−10.812**	2.620	−13.018***
	(−2.32)	(0.69)	(−4.59)
nim	3.621*	5.800*	4.215**
	(2.11)	(2.33)	(2.47)
shr3	−0.006	−0.035	0.005
	(−0.03)	(−0.19)	(0.03)
FD	−0.076**	−0.085**	−0.167***
	(−2.26)	(−2.94)	(−3.29)
market	−0.239	−5.258***	0.183
	(−0.43)	(−6.74)	(0.44)
m2	0.837	0.362	0.792
	(1.70)	(0.50)	(1.43)
gdp	−2.886	−2.639	−1.590
	(−1.43)	(−0.80)	(−0.56)
shibor	3.401	2.167	3.648*
	(1.62)	(0.85)	(2.08)

续表

变量	全样本	大规模	小规模
	$CoVaR_{t+1}$	$CoVaR_{t+1}$	$CoVaR_{t+1}$
Constant	20.437	93.071**	-4.431
	(1.09)	(2.83)	(-0.30)
Banktype	YES	YES	YES
Year	YES	YES	YES
Observations	237	127	110
R^2	0.506	0.585	0.732
Adj R^2	0.450	0.492	0.661

5.4.3.2 资管新规政策的异质性分析

2018年3月28日，中央深改委通过《关于规范金融机构资产管理业务的指导意见》（以下简称资管新规）。同年4月27日，经国务院同意，资管新规由中国人民银行等部门联合印发，迄今已有近5年时间。资管新规既是防范化解金融风险的一项重要举措，同时也是资管行业乃至整个金融领域的一项重大改革举措。

考虑到资管新规对于防范系统性金融风险的重大意义，本章特引入资管新规这一变量并进行分组回归。实证结果显示，资管新规实施后，商业银行的影子银行业务规模越大，其所引发的系统性风险将越大，回归结果保持了稳健；而资管新规实施前，影子银行业务对系统性金融风险的扩散效应不显著。因为资管新规实施后，商业银行所能开展的影子银行业务比较有限，且是杠杆率较高的风险业务，因而，容易引发系统性金融风险（见表5-8）。

表5-8 资管新规的异质性分析

变量	（1）	实施前	实施后
	Covar_1	Covar_1	Covar_1
shadow	11.830**	9.828	18.236*
	(2.64)	(1.36)	(2.14)

续表

变量	(1) Covar_1	实施前 Covar_1	实施后 Covar_1
size	−0.037	−2.114	1.362*
	(−0.04)	(−1.43)	(1.81)
roa	−14.097*	−15.395	−10.509
	(−2.01)	(−1.83)	(−0.94)
dl	0.158**	0.217**	0.048
	(2.47)	(3.00)	(0.62)
npl	−5.061***	−4.474***	−2.779
	(−5.57)	(−4.54)	(−1.04)
nii	5.113	6.226	6.423
	(1.09)	(0.88)	(1.50)
car	−10.812**	−10.319*	−8.747**
	(−2.32)	(−1.87)	(−2.42)
nim	3.621*	2.318	5.348
	(2.11)	(1.13)	(1.51)
shr3	−0.006	−0.163	0.228*
	(−0.03)	(−0.73)	(1.80)
FD	−0.076**	−0.089*	−0.030
	(−2.26)	(−2.20)	(−0.83)
market	−0.239	−0.507	−0.061
	(−0.43)	(−0.44)	(−0.11)
m2	0.120	−0.014	0.295
	(1.01)	(−0.08)	(0.20)
Constant	18.428	47.653	−10.368
	(0.97)	(1.75)	(−0.45)
Banktype	YES	YES	YES
Year	YES	YES	YES
Observations	237	167	70
R^2	0.506	0.517	0.459
Adj R^2	0.450	0.443	0.309

5.5 稳健性检验

5.5.1 工具变量法

由于存在既影响商业银行影子银行业务规模又影响系统性金融风险的遗漏变量，导致直接 OLS 回归的结果有偏和不一致，因此，为了解决解释变量可能存在的内生性问题和控制银行个体间的差异，根据杨天宇和钟宗平（2013）的研究，采用固定效应两阶段最小二乘法（FE2SLS）估计模型。本章加入城投债余额 lgd 作为工具变量，用本期期初的城投债余额取对数。经过对城投债余额 lgd 进行 Kleibergen-Paap rk LM statistic 识别不足检验，城投债余额 lgd 这一工具变量并没有识别不足；经过对城投债余额 lgd 进行 Sargan-Hansen 过度识别检验，城投债余额 lgd 这一工具变量也不存在过度识别。

城投债，又称准市政债，是地方投融资平台作为发行主体，公开发行的企业债和中期票据，其主业多为地方基础设施建设或公益性项目。从承销商到投资者，参与债券发行环节的人，都将其视为当地政府发债。2020 年全年，各品种城投债发行数量达 5574 只，融资规模达 43703.24 亿元，分别较 2019 年全年同比增长了 31% 和 24%。在金融监管体制下，商业银行的传统信贷业务受到诸多约束，因此，越来越多的资金需求者转向影子银行业务渠道，这其中包括了政府融资平台在内。城投债作为政府融资平台的主要工具，其资金筹措渠道在一定程度上来源于商业银行的影子银行业务。因此，城投债发行规模越大，越有利于扩大影子银行业务规模，即变量城投债余额 lgd 与商业银行的影子银行业务规模 shadow 呈正相关，而与系统性金融风险的关联性较弱。

为解决同一家银行在不同时期的扰动项之间存在自相关的问题，我们在估计标准差时使用聚类稳健的标准差。表 5-9 列出了固定效应模型的工具变量二阶段回归检验结果。在第一阶段回归中，工具变量 lgd 与解释变量 shadow 显著正相关，即城投债规模越大，影子银行业务规模也将越大；在第二阶段回归中，解释变量 shadow 的参数估计值为 50.462，在 10% 水平上显著为正，多数控制变量基本保持稳定。由此可见，在采用工具变量法减轻内生性问题后，结果依然保持稳健。

表 5-9 工具变量法

变量	第一阶段		第二阶段	
	shadow	shadow	$CoVaR_{t+1}$	$CoVaR_{t+1}$
lgd	0.000	0.000**	—	—
	(1.04)	(2.21)		
shadow	—	—	86.583***	50.462*
			(5.47)	(1.77)
size	—	0.036*	—	0.009
		(1.95)		(0.01)
roa	—	-0.001	—	-9.411
		(-0.01)		(-1.28)
dl	—	-0.002**	—	0.164
		(-2.42)		(1.36)
npl	—	0.013	—	-4.099***
		(1.36)		(-3.29)
nii	—	-0.062	—	4.164
		(-1.65)		(0.93)
car	—	0.016	—	-11.531**
		(0.50)		(-2.19)
nim	—	-0.003	—	4.173**
		(-0.18)		(2.07)
shr3	—	0.003**	—	-0.075
		(2.72)		(-0.24)
FD	—	-0.001	—	-0.039
		(-1.16)		(-1.07)

续表

变量	第一阶段		第二阶段	
	shadow	shadow	$CoVaR_{t+1}$	$CoVaR_{t+1}$
market	—	-0.005	—	0.374
		(-0.50)		(0.50)
m2	—	0.011	—	0.259
		(0.89)		(0.88)
gdp	—	0.003	—	-1.790***
		(0.05)		(-4.00)
shibor	—	0.087*	—	0.636
		(1.95)		(0.51)
Constant	0.045***	-0.540**	0.455	10.596
	(4.11)	(-2.24)	(0.26)	(1.11)
Banktype	YES	YES	NO	NO
Year	YES	YES	NO	NO
Observations	237	237	237	237
R^2	0.534	0.629	-0.818	0.242
Adj R^2	0.504	0.587	-0.826	0.194

5.5.2 使用不同的回归模型

为了验证研究结果的稳健性，本章还使用了不同的回归模型进行检验。本章采用三阶差分 GMM 和最大似然估计 MLE 再次进行回归。回归结果如表 5-10 所示，表中显示的结果与前文的主回归结果相近，并且其他控制变量较为稳定，即回归结果依然保持了稳健。

表 5-10 GMM 和 MLE 的回归结果

变量	GMM	MLE
	$CoVaR_{t+1}$	$CoVaR_{t+1}$
shadow	13.644**	11.830***
	(2.17)	(2.90)

续表

变量	GMM $CoVaR_{t+1}$	MLE $CoVaR_{t+1}$
size	-7.613	-0.037
	(-1.23)	(-0.05)
roa	-0.283	-14.097**
	(-0.04)	(-2.21)
dl	-0.009	0.158***
	(-0.11)	(2.71)
npl	1.441	-5.061***
	(0.74)	(-6.12)
nii	1.546	5.113
	(0.48)	(1.19)
car	-2.344	-10.812**
	(-0.31)	(-2.54)
nim	-0.325	3.621**
	(-0.12)	(2.32)
shr3	-0.117	-0.006
	(-0.59)	(-0.03)
FD	-0.218**	-0.076**
	(-1.96)	(-2.48)
market	-3.657*	-0.239
	(-1.83)	(-0.47)
m2	0.325	0.837*
	(1.17)	(1.87)
gdp	-6.554***	-2.886
	(-3.00)	(-1.57)
shibor	2.164***	3.401*
	(3.00)	(1.78)
Constant		20.437
		(1.19)
Banktype	NO	YES
Year	NO	YES

续表

变量	GMM	MLE
	$CoVaR_{t+1}$	$CoVaR_{t+1}$
Observations	114	237
R^2		0.506
Adj R^2	.	0.450

5.6 本章小结

　　基于 Adrian 和 Brunnermeier（2016）的研究，本章采用 CoVaR 的方法测度了我国上市银行的系统性风险贡献。对于商业银行影子银行业务对系统性金融风险的影响，从理论模型推导和实证计量模型回归两个层面进行了研究，其结果均表明商业银行从事的影子银行业务易引发系统性金融风险，即商业银行开展的影子银行规模越大，其所引发的系统性金融风险越大。实证计量模型经过回归检验，进一步发现，影子银行业务在金融体系内的风险扩散效应在大型商业银行群体内尤其显著。通过内生性、引入外生冲击变量以及更换回归模型等多重稳健性检验，本章的研究结果依然保持稳健。

　　为合理发展商业银行的影子银行业务，有效防范系统性金融风险，本章提出以下政策建议：第一，银行业要完善自身治理机制，加强资产负债的匹配管理，实施全面风险管理策略，提升服务实体经济效率，不断增强抵御外部风险冲击的经营能力。第二，监管部门要充分认识到影子银行风险传导的时滞效应，持续推进影子银行的穿透式管理。第三，提高信息披露程度，及时防范系统性金融风险。加强"影子银行"体系的监管，必须要强化信息披露在监管中的地位，提高金融产品和金融市场的透明度。第四，构建金融监管部门间的协调监管机制。针对商业银行影子银行业务的交叉性金融行为，各监管部门应积极主动开展联合行动，加强监管信息的"交流+共享"，加强事前"沟通+协调"以形成监管政策合力，实现构建监管"信息交流+政策协调"层面上的协调监管机制目标。

第6章　金融科技对影子银行业务的抑制效应

2022年1月13日,中国人民银行印发《金融科技发展规划（2022—2025年）》(以下简称《规划》)。《规划》依据《中华人民共和国国民经济和社会发展第十四个五年规划和2035年远景目标纲要》制定,提出新时期金融科技发展指导意见,明确金融数字化转型的总体思路、发展目标、重点任务和实施保障。这是继2019年8月中央银行公布首轮金融科技发展规划——《金融科技（FinTech）发展规划（2019—2021年）》后中央银行编制的第二轮金融科技发展规划。金融科技有非常广阔的应用前景,本章从这一层面来探讨其对中国影子银行业务的影响。

金融科技是"金融与科学技术无缝对接",利用分布式记账技术、物联网、人工智能算法等先进技术与海量数据结合,形成了资金跨时空配置、新型支付清算、数字货币等新金融业态。通过前沿数字技术手段,金融科技能够获取更多有关借款人的信息（Buchak等,2018）,催生出新的金融服务模式,扩大了金融服务的覆盖范围。金融科技助力实体经济是以金融业为桥梁而实现的。中国金融科技的快速发展在相当程度上改造甚至重塑着传统金融的业务模式与竞争格局,给传统金融市场、业务模式和产品流程带来了系统性影响,尤其是在我国金融体系中占据主导地位的商业银行。

我国商业银行所从事的影子银行业务本质是在银行系统下连接资金盈余者和资金短缺者的信贷中介。从资金来源方来看,利率管制下商业银行只能以低息吸收存款，致使社会资金不愿流入正规信贷机构，而影子银行业务的利率未受限制，满足了投资者抵消负利率冲击的需求；从资金使用方来看，存贷比的限制使银行通常会设置较高融资门槛以优化资产负债表，这必然会加剧企业的融资约束，尤其是中小型企业，而影子银行业务的低门槛恰好可以缓解中小型企业的融资约束，其通过高利率满足了营利性需求并降低了违约风险。由大数据、人工智能、区块链等多项技术所驱动发展的金融科技，将会如何影响商业银行的影子银行业务发展？这一问题构成了本章的主要研究内容。本章以我国A股上市的36家商业银行为研究对象，选取其2011~2019年的相关数据进行了实证研究。实证结果表明，金融科技的发展显著抑制了商业银行影子银行业务规模。考虑内生性、更换解释变量以及控制地区金融发展水平等一系列稳健性检验后，本章的结论仍然成立。进一步研究发现，金融科技通过风险控制机制以及信息甄别机制两条路径抑制了商业银行影子银行业务的发展，进而能有效削弱银行违约风险及系统性金融风险。此外，金融科技对商业银行影子银行业务的抑制作用在大型商业银行更为显著，而对于中小型银行来讲，金融科技的发展反而会扩大其影子银行业务规模。这一研究不仅从理论上拓展了金融科技理论和影子银行理论，也为实践中有效解决"产业空心化"、实体经济脱实向虚等问题提供了一定的借鉴，同时，能规范商业银行的影子银行业务发展，引导商业银行更好地适应金融科技的发展大趋势。

本章的贡献主要体现为以下几个方面：第一，从理论层面剖析金融科技对我国影子银行业务影响的现有文献屈指可数，本章通过实证分析来揭示金融科技抑制影子银行业务发展的作用机制，探寻银行规模异质性对金融科技抑制效应的影响，丰富了金融科技和传统金融机构关系的理论研究。第二，鉴于数据可得性，关注金融科技和我国商业银行关系的现有文献大多开展案例研究（谢治春等，2018），本章从实证层面利用上市银行样本进行定量考察，构建了金融科技指数，丰富了实证证据。第三，利用中介效应模型分析金融科技发展抑制影子银行业务规模的作用路径，识别了金融科技对影子银行业务影响的传导机制。

6.1 理论分析与研究假设

影子银行业务是学术界和政府监管部门关心的重要理论和现实问题。如前所述，本章从参与实体即商业银行的角度来界定影子银行业务：商业银行为规避外部监管而从事的委托贷款、资产管理计划等非资产类业务即为影子银行业务，其典型模式主要包括买入返售类金融资产和应收款项类投资。本章借鉴马德功等（2019）的做法，将买入返售类金融资产与应收款项类投资加总作为影子银行的业务规模。

事实上，影子银行业务的发展主要是基于监管套利（Maddaloni 和 Peydro，2011）。商业银行利用表外活动从事影子银行业务，既是一种获取非利息收入的盈利模式，又是应对竞争、追逐利润的自然产物和必然结果。商业银行发展影子银行业务，对银行个体、整个金融体系以及宏观层面的多个维度等均会带来相应的影响，而与此同时，商业银行影子银行业务的发展，也会受到多方面因素的影响，包括当下发展迅速的金融科技。

金融稳定理事会将金融科技界定为技术上的金融创新，主要由云计算、大数据、区块链、人工智能等新兴技术手段驱动，能够产生新的商业模式、技术应用及产品服务，从而对金融市场以及金融服务业务的提供方式产生重大影响，提升了传统金融行业的效率并有效降低运营成本。金融科技的外延囊括移动互联、大数据、区块链、云计算、人工智能等领域，通过降低金融服务费用、提高金融服务效率、降低金融服务门槛及扩大金融服务范围等，提高了金融服务的可得性，重塑了传统金融体系，有利于实现传统金融行业的转型升级（杨东，2018；Arner 等，2020；李春涛等，2020）。

在我国，商业银行是整个金融体系的主导力量，金融科技必然会对商业银行产生显著影响：一方面，大数据、云计算、人工智能、区块链等金融科技关键技术的应用有助于商业银行缓解信息不对称、提升获取客户能力、降低运营成本、强化风险控制以及优化客户服务等，从而提升商业银行的竞争力；另一方面，科技金融打破了商业银行原有的业务体系和服务方式，沿袭了互联网金融为银行业引入"鲇鱼效应"（郭品和沈悦，2015）的特点，推动了利率市场化的发展（汪可，2018），加剧了银行业的竞争程度，挤占了商业银行的负债业务、中间业务和资产业务，并推动银行信用结构和期限结构的调整，提升了银行的风险承担水平（邱晗等，2018；孙旭然等，2020）。

在大数据、云计算、人工智能、区块链等金融科技关键技术迅速发展的背景下，从长远来看，银行业的经营效率必然会大大提高，服务深度必然会不断深化。从银行的资产端来看，金融科技发展带来的存款端竞争使大量资金从存款市场流向银行间市场，银行负债端对批发性融资的依赖程度逐年增加，银行的筹资成本随之上升。部分学者认为，金融科技所引发的银行负债端成本上升，会增加银行的风险偏好，提高自身风险承担水平以弥补成本的增加，因此倾向于选择更高风险的资产业务（邱晗等，2018）。影子银行业务作为商业银行监管套利的选择，会给银行带来更高的利润，在金融科技发展的背景下，商业银行很有可能会扩大其影子银行业务规模。然而，面对金融科技发展所带来的对批发性融资的依赖，商业银行也可能采取更加保守的投资策略，以应对批发性融资的流动性风险，风险较大的影子银行业务必然会有所收缩；金融科技关键技术的应用，会对商业银行的现有业务产生冲击（郭品和沈悦，2019），存款业务规模的下降，进一步挤压商业银行的资产业务，包括商业银行的影子银行业务。综上所述，金融科技对银行行为的影响，现有研究与逻辑分析无法得到一致的结论，有待实证研究进行判断。而关于金融科技对商业银行影子银行业务的影响，现有文献较少涉及，由此，本章围绕金融科技发展对影子银行业务的影响展开研究，提出以下假设：

假设1：金融科技有助于抑制商业银行的影子银行业务规模。

由于角色定位、资金实力、目标客户、业务结构、盈利能力、人才储备以及监管程度等诸多因素的差异，大型国有商业银行竞争优势明显，中小商业银行的业绩则存在较大差异，在金融科技的发展背景下，大型国有商业银行和中小型非国有商业银行可能面临不同的转型路径（谢治春等，2018）。庞大的组织体系、国有的产权性质、保守的经营策略与严厉的政策监管,从客观层面与主观意愿上共同导致了大型国有商业银行对金融科技的响应较为迟缓并稳健(沈悦和郭品,2015;Beltratti 和 Stulz,2012;郭晔和赵静,2017);而股份制商业银行、城市商业银行等中小型银行以存款价格弹性高的中小型企业和个人为目标客户,客户群体狭窄,自身资金实力有限,难以挖掘新的盈利增长点,在金融科技的冲击下难以守住现有的客户群体和服务对象,盈利空间和市场份额都受到较为严重的挤压(邱晗等,2018;刘莉亚等,2017)。

随着金融科技的运用,信息搜索变得便利,大银行开始使用"软信息+硬信息"的方式来做出贷款决策,且能够提供比中小银行更低的贷款利率,由此相当一部分小微客户会转向大银行寻求贷款,大银行在小企业贷款领域的信息劣势得到改善(Torre 等,2008),大型商业银行的贷款业务规模会增加,其他资产业务如影子银行业务就会减少。金洪飞等(2020)提出在运用金融科技后,中小银行流失了大量优质客户,即存在市场挤出效应:大型银行对小微企业的贷款量显著上升,风险则没有明显变化;而中小银行对小微企业的贷款增长不明显,风险却显著升高。此外,金融科技的发展主要起到了提升获取客户能力、降低运营成本、强化风险控制的作用,尤其是能解决最关键的信息不对称问题,改善商业银行的风险控制能力,这种改善程度在大型银行和中小银行之间有所差异。从金融科技基础能力的构建方式来看,凭借资本、规模和人才资源等方面的优势,以国有银行和全国性股份制银行为代表的大型银行通常选择自建金融科技子公司,或者与国内互联网巨头开展合作;而包括城商行、农商行、村镇银行以及民营银行在内的大多数中小银行则选择与外部金融科技公司合作或结成金融科技联盟。由此可见,金融科技的风险控制功能在大型银行间会更显著。商业银行开展影子银行业务其本身是一种监管套利行为,具有较大的风险。金融科技给大型商业银行所带来的贷款技术改进以及风控能力升级,都将大大压缩大型银行的影子银行业务规模,由此金融科技对大型银行影子银行业务的抑制效应会更显著。由此,本章提出以下假设:

假设2：与中小型银行相比，金融科技对影子银行业务的抑制效应在大型商业银行中表现得更显著。

6.2 样本、变量和数据

6.2.1 样本的选取与数据来源

本章以36家A股上市银行为研究对象，并选取2011~2019年的相关数据展开研究（由于所采用的城市金融科技公司数量这一金融科技指数度量指标缺少2010年的数据，故在本章研究中，将样本区间调整为2011~2019年）。样本的财务数据及影子银行业务的相关数据来自Wind数据库，宏观层面的数据主要来自中经网，各省份的数据来自各省份统计年鉴，金融科技指数主要使用了城市的金融科技公司数量。剔除了数据过少、不满足研究要求的银行样本，部分商业银行年度缺失数据由各银行官网所披露年报数据补充，并参考了国泰安、东方财富等数据库，最终得到36家A股上市银行的282组非平衡面板数据。数据处理使用Stata16.0软件进行。为减少异常值的影响，对变量进行了1%和99%的缩尾处理（Winsorize）。

6.2.2 变量的选取及其定义

6.2.2.1 被解释变量

被解释变量为商业银行的影子银行业务规模。商业银行从事影子银行业务的初衷就是规避严格的监管控制和摆脱约束，寻求新的利润点以实现收益最大化，其本质上是为了监管套利而进行的资本运作。当前我国商业银行所从事的影子银行业务主要包括理财业务、银信或银证等合作类理财业务、委托贷款、资产管理计划等，商业银行在这一过程中表面上仅从事产品代销、资金管理等非资产类业务，但从影子银行体系资金供给的主体来看，商业银行实际上通过非信贷科目持有影子银行资产，为影子银行体系提供资金，其典型模式主要包括买入返售金融资产和应收款项类投资等（马德功等，2019）。由此，本章中对商业银行的影子银行业务规模 shadow 采用了这一核算方法，即 shadow 的计算公式为：

$$shadow = （买入返售金融资产 + 应收款项类投资）/ 银行总资产 \qquad (6-1)$$

6.2.2.2 解释变量

要考察金融科技发展对微观主体行为的影响，关键是构建金融科技指标。本章使用地级市金融科技公司数量（Fintec）测度地区金融科技发展水平（宋敏等，2021）。目前，中国传统金融机构针对金融科技的布局主要有两种：成立金融科技部门（子公司）以及与外部金融科技公司合作。由于金融科技公司属于技术密集型企业，创新投入较大，通过设立独立的金融科技公司无法实现规模经济，难以体现技术优势，选择与外部金融科技公司合作更明智、合理。因此，在金融科技公司越多的地区，传统金融机构与金融科技公司之间达成战略合作的可能性就越大，金融科技对传统金融机构的"赋能"效应就越明显。因此，本章使用的金融科技公司数量能直接、全面地反映一个地区的金融科技发展水平，地区金融科技公司数量越多，金融科技发展水平越高。

根据全球金融稳定理事会（FSB）的定义，金融科技是将金融和技术纳入金融服务的一种技术形式，能够通过云计算、大数据、区块链、人工智能等新兴技术手段，提升传统金融行业的效率，并有效降低运营成本。基于此，借鉴宋敏等（2021）的做法，首先在"天眼查"网站检索"金融科技""云计算""大数据""区块链""人工智能""物联网"等关键词，以获取所有相关公司的工商注册信息。为了避免检索中出现的巧合字符匹配，只保留公司名称或经营范围中出现以上关键词的样本。此外，为防止"空壳公司"的注册影响金融科技发展指标的准确性，剔除了经营时间小于1年或经营状态非正常（如停业、解散、吊销等）的公司样本。全球金融稳定理事会指出，金融科技本质是通过技术手段推动金融创新，形成对金融服务、机构乃至整个金融市场产生重大影响的业务模式、技术应用以及流程和产品。如果上述公司没有将区块链、人工智能、大数据等新兴技术应用于金融领域，则不能将其视为金融科技公司。因此，本章对数据做了进一步筛选：根据样本中金融科技公司的经营范围以及巴塞尔银行监管委员会对金融科技业务模式的分类，使用正则表达式对"金融""保险""信贷""清算"及"支付"等与金融相关的关键词在公司经营范围中进行模糊匹配，并保留匹配成功的样本。此外，考虑到经营范围中存在"不得从事……业务""严禁涉及……业务""以上除……业务"等字段，在筛选之前对这些字段进行了删除。统计地级市每年的金融科技公司数量，并以此测度地区金融科技发展水平，数值越大代表金融科技发展水平越高。

6.2.2.3 控制变量

由于商业银行的影子银行业务规模等易受到银行自身条件及外部经济环境等多种因素的影响，将这些因素作为控制变量引入的强化模型的精确度。因此，主要从银行自身、所在省份以及国家三个层面来选取一些重要变量加入模型中充当控制变量，以最大限度得到模型的无偏估计。具体如下：一是在银行个体层面，包括银行规模 size、资产收益率 roa、存贷比 dl、不良贷款率 npl、资本充足率 car、非利息收入 nii、净息差 nim。二是在省级层面，包括当地的经济发展水平 MI（地区市场化指数）、金融发展水平 loangdp（贷款总额占 GDP 的比例）。三是在宏观经济层面，包括广义货币供给增速 m2、实际 GDP 的增长率 gdp、同业拆借利率 shibor，并控制年度（Year）效应和银行类型（Banktype）效应。如表 6-1 所示。

表 6-1 变量的定义和说明

变量类型	符号	变量名称	变量说明
被解释变量	shadow	影子银行业务规模	（买入返售类金融资产+应收款项类投资）/银行总资产
解释变量	Fintec	金融科技指数	地市级层面的金融科技公司数量
	FTP	金融科技指数	对 Fintec 进行对数化处理
控制变量	size	银行资产规模	ln（银行资产总计+1）
	roa	资产收益率	净利润/资产总计
	dl	存贷比	贷款总额/存款总额

续表

变量类型	符号	变量名称	变量说明
控制变量	npl	不良贷款率	不良贷款/贷款总额
	car	资本充足率	资本净额/加权风险资产
	nii	非利息收入	非利息收入/总资产
	nim	净息差	利息净收入/银行全部生息资产
	MI	市场化指数	地区市场化指数
	loangdp	金融发展水平	各省份贷款总额占各省份 GDP 的比例
	m2	货币和准货币增速	M2 增长率
	gdp	国内生产总值	国内生产总值增长率
	shibor	同业拆借利率	同业拆借利率

6.2.3 模型构建

根据前文所做的假设以及变量的选取，构建以下面板模型：

$$shadow_{i,t} = C_1 + \alpha_1 Fintec_{jt} + \beta_n bankcontrol_{i,t} + \theta_n procontrol_{j,t} + \Phi_n coucontrol_t + e_{i,j,t} \quad (6-2)$$

其中，$shadow_{i,t}$ 表示第 i 家银行第 t 年影子银行业务占比，$Fintec_{jt}$ 表示银行所对应 j 省 t 年的金融科技公司数量，$bankcontrol_{i,t}$ 表示第 i 家银行的其他财务控制变量，$procontrol_{j,t}$ 表示银行所对应省级层面的控制变量，$coucontrol_t$ 表示国家层面经济情况的控制变量。

6.3 实证结果

6.3.1 描述性统计

样本数据的描述性统计分析结果如表 6-2 所示。2011~2019 年 36 家上市银行的财务特征及其面临的外部经济环境有较为明显的差异,银行之间发展不均衡。样本银行的影子银行业务规模占比 shadow 的最大值为 0.35,最小值为 0.00,均值为 0.08,而标准差为 0.08,由此可见商业银行的影子银行业务规模存在较为明显的差异,各银行间影子银行业务发展不均衡。代表各个城市层面金融科技公司数量的 Fintec 变量其最大值为 21.26,最小值为 0.00,均值为 2.74,而标准差为 5.41,金融科技发展整体水平较低,且不同城市间存在非常明显的差距。由此可见,金融科技的发展水平差异较大,银行间的影子银行业务发展不均衡,银行层面的财务特征也存在较大差异,地区间的金融发展水平也不均衡,影响了各个省份层面银行间的影子银行业务规模差异,也影响了金融科技在不同城市层面的差异化发展。

表 6-2 主要变量描述性统计

变量	Obs	Mean	SD	Min	Median	Max
shadow	282	0.08	0.08	0.00	0.06	0.35
Fintec	282	2.74	5.41	0.00	0.13	21.26
size	282	27.71	1.66	24.81	27.60	30.85
roa	282	0.01	0.00	0.01	0.01	0.02
dl	282	1.26	0.44	0.35	1.25	2.71
npl	282	13.01	1.42	9.90	12.93	17.64
car	282	0.01	0.00	0.00	0.00	0.01
nii	282	0.03	0.01	0.01	0.02	0.04
nim	282	7.30	0.90	6.10	7.00	9.60
m2	282	11.33	2.33	8.10	12.16	13.84
gdp	282	3.89	0.78	2.75	4.10	5.13
shibor	282	4.0706	0.7195	2.8323	4.1091	5.1282

6.3.2 相关性分析

根据表 6-3 可得,皮尔森相关系数检验表明在 1% 的置信水平下,以城市层面的金融科技公司数量所衡量的金融科技发展水平 Fintec 与商业银行的影子

表 6-3 皮尔森相关系数检验

变量	shadow	Fintec	size	roa	dl	npl	car	nii	nim	gdp	m2	shibor
shadow	1.000	—	—	—	—	—	—	—	—	—	—	—
Fintec	-0.196***	1.000	—	—	—	—	—	—	—	—	—	—
size	-0.131**	0.559***	1.000	—	—	—	—	—	—	—	—	—
roa	-0.127**	-0.153***	0.079	1.000	—	—	—	—	—	—	—	—
dl	-0.341***	0.415***	0.451***	-0.180***	1.000	—	—	—	—	—	—	—
npl	-0.010	0.178***	0.052	-0.439***	0.317***	1.000	—	—	—	—	—	—
car	-0.326***	0.079	-0.068	0.015	-0.001	0.164***	1.000	—	—	—	—	—
nii	-0.121**	0.328***	0.681***	-0.017	0.560***	0.214***	-0.011	1.000	—	—	—	—
nim	0.350***	-0.222***	-0.325***	0.436***	-0.429***	-0.064	-0.190***	-0.351***	1.000	—	—	—
gdp	-0.144**	-0.229***	-0.081	0.537***	-0.257***	-0.542***	-0.221***	-0.276***	0.258***	1.000	—	—
m2	-0.002	-0.295***	-0.098	0.594***	-0.326***	-0.448***	-0.307***	-0.248***	0.447***	0.677***	1.000	—
shibor	-0.043	-0.214***	-0.077	0.530***	-0.237***	-0.502***	-0.275***	-0.258***	0.297***	0.819***	0.504***	1.000

注：***、**和*分别表示在1%、5%和10%水平上显著。

银行业务规模 shadow 呈非常显著的负相关关系，银行规模 size、资产收益率 roa、资本充足率 car 及非利息收入 nii 等财务特征均与影子银行业务呈显著的负相关关系。由此可见，通过相关系数检验，也能在一定程度上支持假设1，即金融科技的发展能有效抑制商业银行的影子银行业务规模。

6.3.3 非平衡面板回归结果

本章使用的模型是包含36个横截面维度和9个时间维度的面板数据，因此采用面板模型回归法。截面维度远远大于时间维度，属于非平衡面板数据。因其时间跨度较短，可以不考虑面板数据的非平稳性，也因此没有对数据做单位根检验和协整检验。本章的样本数据通过了 F 检验和 Hausman 检验，由此确定了应该建立固定效应模型。

商业银行从事影子银行业务，本质上来讲是一种监管套利行为，其典型模式主要包括买入返售金融资产和应收款项类投资。其中，应收款项类投资科目主要用于持有影子银行资产，向信托公司等影子银行机构融出资金，通过延长信贷链条，绕过金融监管，最终为企业提供信贷支持。由此可见，商业银行从事影子银行业务，本身具有较大的风险，且具有较强的风险传染效应。而金融科技的发展一方面推动了利率市场化，使投资渠道实现了多元化，导致商业银行的传统存款业务规模萎缩，对银行间市场的批发性融资依赖度增加。在这一背景下，商业银行倾向于采取更加保守的投资策略，以应对批发性融资的流动性风险，由此风险较大且具有风险传染效应的影子银行业务必然会有所收缩。另一方面金融科技的发展凭借大数据、云计算、人工智能、区块链等关键技术的应用，不仅可以通过改善银行现有的贷款技术扩大贷款供给，而且能够有效控制银行风险，在确保收益不变的同时，合规、合法地将金融资本有效地投向实体经济，由此必然对风险较大且逐渐受国家管制的影子银行业务产生挤占效应。综上所述，金融科技的发展会压缩商业银行的影子银行业务规模，即金融科技的发展对商业银行的影子银行业务存在抑制效应，实证分析结果如表6-4所示。

表6-4　金融科技对影子银行业务的回归结果

变量	(1) OLS	(2) OLS	(3) FE	(4) FE
Fintec	-0.003***	-0.003**	-0.001*	-0.002***
	(-4.44)	(-2.51)	(-1.92)	(-2.79)
size	—	0.010**	—	0.022***
		(2.10)		(4.19)
roa	—	-10.217***	—	-7.280**
		(-2.86)		(-2.54)
dl	—	-0.002***	—	-0.001***
		(-4.60)		(-2.91)
npl	—	-0.025**	—	-0.040***
		(-2.09)		(-4.01)
car	—	-0.017***	—	-0.004
		(-4.67)		(-1.11)
nii	—	1.400	—	-1.796
		(0.53)		(-0.70)
nim	—	7.141***	—	7.756***
		(5.26)		(7.17)
m2	—	-0.006*	—	-0.023
		(-1.86)		(-1.62)
gdp	—	-0.025***	—	-0.043
		(-3.45)		(-0.99)
shibor	—	0.002	—	0.093***
		(0.25)		(2.62)
Constant	0.091***	0.370***	0.045***	-0.251
	(15.71)	(2.80)	(4.74)	(-1.41)
Year	NO	NO	YES	YES
Banktype	NO	NO	YES	YES
Observations	282	282	235	235
R^2	0.039	0.426	0.458	0.666
Adj R^2	0.0351	0.402	0.433	0.642

注：***、**和*分别表示在1%、5%和10%水平上显著；括号中为t值。本章下同。

表6-4提供了2011~2019年模型（6-2）的面板数据时间、银行类型双向固定效应模型基本回归的估计结果。其中，（1）列和（3）列是核心解释变量Fintec对上市银行影子银行业务规模shadow的单独回归结果，不管是OLS还是FE分析，金融科技指数Fintec的系数估计值均显著为负，均可以反映出金融科技发展对商业银行影子银行业务规模存在抑制效应。（2）列和（4）列是所有解释变量对影子银行业务规模的回归结果，OLS分析中金融科技指数Fintec的系数估计值在5%水平上显著为负，FE分析中其系数估计值在1%水平上显著为负。由此可见，加入控制变量后，金融科技对上市银行影子银行业务依然存在显著的抑制效应，且考虑更多的解释变量后，在OLS分析中金融科技对影子银行业务的抑制效应更强烈：系数由0.002上升为0.003。这也说明在OLS分析中我们加入相应的控制变量后，使模型更有效。地区金融科技发展越好，当地商业银行所从事的影子银行规模就越小，能有效防范银行违约风险和系统性金融风险的发生，回归结果验证假设1。可能的原因是，金融科技"赋能"传统金融机构，缓解了银企之间的信息不对称，扩大了银行传统信贷业务的规模，压缩了影子银行业务的规模。

如第4章、第5章所述，由于商业银行影子银行业务的发展，会带来银行违约风险和系统性风险的增加，而当地金融科技水平越高，越有助于抑制当地银行的影子银行规模，即越有助于防范银行违约风险、系统性金融风险的发生和扩散。

6.3.4 银行规模异质性

由于大型国有商业银行和中小型银行在经营模式和发展定位上有显著差异，在研究金融科技对商业银行影子银行业务的影响时，有必要在总体银行样本的基础上区别不同规模的商业银行进行分组回归。本章将商业银行样本划分为两个子样本进行回归：大型商业银行样本组与中小型商业银行样本组。

麦肯锡发布的《全球数字化银行的战略实践与启示》指出，金融科技的应用可以显著改善银行在消费金融和中小型企业贷款领域的运营成本和风险成本，增强大银行涉足这些领域的动机和能力。大型商业银行相对充裕的资本和相对完善的组织结构能强化银行吸收金融科技的能力和效率,有助于缓解银企间的信息不对称问题,进而吸引低风险的小微客户,推动大银行拓展业务边界,使大银行在留住大中型客户的同时,能将长尾客户纳入服务范围。因此,金融科技的应用有效拓展了大型商业银行的小微业务,且信贷风险不受显著影响,即大型商业银行新拓展的小微业务风险可控(金洪飞等,2020)。而影子银行业务的存在本身就是一种监管套利,风险较大,且具有风险扩散效应,因此,金融科技的发展必然会导致大型商业银行压缩影子银行业务规模,扩大小微企业信贷等资产类业务,在控制风险且合规的前提下,更好地服务于实体经济。

金融科技指数 Fintec 与商业银行影子银行业务 shadow 的银行规模分组回归结果如表 6-5 所示。(1)列中的金融科技指数在 1% 的水平下呈显著负相关,而(2)列中的金融科技指数在 5% 的水平下呈显著正相关,这表明,相对而言,金融科技对大型商业银行的影子银行业务的抑制效应更显著,而金融科技对中小型商业银行的影子银行业务反而存在促进效应。这其中的原因可能是大型商业银行因为自身的规模、成本优势,使其对金融科技的应用程度更高,从而有效地缓解了信息不对称问题,获取了更多的优质客户,扩大了其合规的信贷业务,必然会压缩其影子银行业务的规模;而中小型商业银行由于传统信贷业务处于弱势地位,导致其对金融科技的应用转移到了影子银行业务层面,利用金融科技的发展,来有效降低信息不对称,进而开展更多的影子银行业务。综上所述,回归结果验证了假设 2。

表 6-5 银行规模异质性的回归结果

变量	(1) 大型商业银行	(2) 中小型商业银行
Fintec	-0.004*** (-3.35)	0.003** (2.08)
size	0.102*** (4.47)	0.013** (2.15)
roa	-17.668*** (-3.07)	-13.757*** (-4.21)

续表

变量	（1） 大型商业银行	（2） 中小型商业银行
dl	0.001 (0.64)	-0.002*** (-4.67)
npl	-0.049* (-1.84)	-0.074*** (-6.83)
car	-0.019** (-2.49)	-0.001 (-0.25)
nii	-5.294* (-1.89)	-1.132 (-0.31)
nim	5.732*** (2.64)	9.451*** (8.23)
m2	0.014 (0.52)	-0.044*** (-3.08)
gdp	-0.122 (-1.56)	0.019 (0.42)
shibor	0.156** (2.38)	0.038 (0.99)
Constant	-2.408*** (-3.70)	0.028 (0.13)
Year	YES	YES
Banktype	YES	YES
Observations	103	179
Adj R^2	0.671	0.700

6.4 稳健性检验

6.4.1 2SLS 估计

由于存在既影响金融科技发展水平又影响商业银行影子银行业务规模的

遗漏变量，导致直接 OLS 回归的结果有偏和不一致，因此本章采用工具变量方法进行二阶段回归估计来控制内生性。加入工具变量 deal（deal = 技术合同成交额/GNP），即采用当地当年度签订的技术合同成交额在当地 GDP 中所占比重作为工具变量。金融科技发展存在技术溢出效应，因此，当地金融科技公司数量越多，其技术合同成交额就会越大，即 deal 与当地的金融科技发展水平 Fintec 息息相关，与该城市的金融科技指数密切相关，但是与该城市商业银行的影子银行业务规模不直接相关。人工智能、风险管理、安全、区块链、计算及技术基础设施等多属于国际专利分类号所对应的技术领域，专利申请数量的增加带来的必然是技术合同成交额的增长。由此可见，当地当年度的技术合同成交额与当地金融科技发展水平紧密相关，而与当地商业银行的影子银行业务不直接相关，且如表 6-6 所示，通过检验拒绝了"弱工具变量"的原假设，因此，当地当年度的技术合同成交额 deal 适合作为本章的工具变量。

表 6-6　2SLS 的回归结果

变量	（1）第一阶段 Fintec	（2）第二阶段 shadow
deal	77.887*** (17.20)	—
Fintec	—	-0.003*** (-3.01)
size	0.133 (0.59)	0.023*** (4.39)
roa	-458.406*** (-3.53)	-7.469*** (-2.71)
dl	0.055** (2.54)	-0.001*** (-2.85)
npl	-0.839* (-1.90)	-0.040*** (-4.19)

续表

变量	(1) 第一阶段 Fintec	(2) 第二阶段 shadow
car	0.356** (2.35)	-0.003 (-1.08)
nii	-173.140 (-1.59)	-2.136 (-0.83)
nim	267.667*** (5.60)	7.885*** (7.55)
m2	-0.526 (-0.21)	-0.044 (-1.05)
gdp	-0.123 (-0.14)	-0.023* (-1.68)
shibor	-0.474 (-0.27)	0.092*** (2.72)
Constant	-5.259 (-0.67)	-0.278 (-1.59)
Year	YES	YES
Banktype	YES	NO
Observations	282	282
R^2	0.807	0.665
Adj R^2	0.793	0.641

为解决同一家银行在不同时期的扰动项之间存在自相关的问题，我们在估计标准差时使用聚类稳健的标准差。表6-6列出了模型（6-2）工具变量二阶段回归的检验结果。在第一阶段回归中，deal的参数估计值为77.887，且在1%的水平上显著正相关，说明工具变量deal与解释变量Fintec显著正相关；在第二阶段回归中，模型（6-2）的解释变量Fintec的参数估计值为-0.003，在1%水平上显著为负，多数控制变量基本保持稳定。由此可见，在采用工具变量法减轻内生性问题后，结果依然保持稳健。

6.4.2 增加地区变量

由于各地区之间发展水平存在差异，为了加强模型的有效性，本章在模型（6-2）的基础上加入了地区发展水平作为控制变量，再次进行回归分析，结果如表6-7所示。各地发展水平有两种度量方式：一是市场化指数，即变量MI；二是当地的贷款总额占当地GDP的比值，即变量loangdp。这两个指标都能较好地反映当地的金融发展水平。引入这两个变量后结果依然保持稳健。

表6-7 增加控制变量后的回归结果

变量	(1) shadow	(2) shadow
Fintec	-0.003**	-0.002**
	(-2.03)	(-2.16)
size	0.012**	0.022***
	(2.27)	(3.90)
roa	-10.208**	-6.134*
	(-2.46)	(-1.86)
dl	-0.002***	-0.001***
	(-4.36)	(-3.00)
npl	-0.024**	-0.040***
	(-1.99)	(-3.96)
car	-0.017***	-0.004
	(-4.59)	(-1.27)
nii	1.094	-2.300
	(0.41)	(-0.87)
nim	6.783***	7.412***
	(4.85)	(6.60)
m2	-0.005	-0.023
	(-1.59)	(-1.63)
gdp	-0.026***	-0.043
	(-3.39)	(-0.99)

续表

变量	(1) shadow	(2) shadow
shibor	0.003	0.092***
	(0.33)	(2.60)
MI	-0.000	0.002
	(-0.07)	(0.69)
loangdp	-0.013	-0.011
	(-0.95)	(-1.01)
Constant	0.331**	-0.263
	(2.38)	(-1.42)
Year	NO	YES
Province	YES	YES
Observations	235	235
R²	0.317	0.346
Adj R²	0.277	0.298

6.4.3 使用不同的回归模型

针对模型（6-2），为了验证研究结果的稳健性，本章还使用了不同的回归模型来进行检验。三种不同的回归结果如表6-8所示。即使是采用GMM、MLE等不同的回归模型，结果依然保持稳健。

表6-8 三种不同模型的回归结果

变量	(1) OLS	(2) GMM	(3) MLE
Fintec	-0.002***	-0.003***	-0.002***
	(-2.79)	(-3.12)	(-2.89)
size	0.022***	0.022***	0.022***
	(4.19)	(4.40)	(4.34)
roa	-7.280**	-7.525***	-7.280***
	(-2.54)	(-2.74)	(-2.63)

续表

变量	(1) OLS	(2) GMM	(3) MLE
dl	-0.001***	-0.001***	-0.001***
	(-2.91)	(-2.88)	(-3.02)
npl	-0.040***	-0.041***	-0.040***
	(-4.01)	(-4.30)	(-4.16)
car	-0.004	-0.003	-0.004
	(-1.11)	(-1.10)	(-1.15)
nii	-1.796	-2.071	-1.796
	(-0.70)	(-0.81)	(-0.72)
nim	7.756***	7.849***	7.756***
	(7.17)	(7.56)	(7.44)
m2	-0.043	-0.045	-0.043
	(-0.99)	(-1.07)	(-1.03)
gdp	-0.023	-0.023*	-0.023*
	(-1.62)	(-1.65)	(-1.68)
shibor	0.093***	0.093***	0.093***
	(2.62)	(2.74)	(2.72)
Constant	-0.251	-0.266	-0.251
	(-1.41)	(-1.54)	(-1.46)
Year	YES	YES	YES
Banktype	YES	YES	YES
Observations	282	282	282
R^2	0.666	0.665	0.666
Adj R^2	0.642	0.641	0.642

在广义估计 GMM 回归中，本章采取的是工具变量的广义矩估计回归，工具变量选取的是前文两阶段最小二乘的工具变量 deal，即当地当年度技术合同成交额占比，另外加入了地区金融发展变量（存贷款额占地区生产总值比例）。通过回归结果可以发现，回归系数与 OLS 基本无差异，并且其他控制变量也较为稳定。同时，本章在回归结果的基础上，继续做了工具变量检验即

工具变量过度识别检验、弱工具变量检验等,结果表明都通过了相关的检验。在 MLE 回归中,其结果与前两种回归模型系数相近,并且其他控制变量较为稳定。综合以上分析,回归结果是稳健的。

6.4.4 替换金融科技发展指数

在进行稳健性检验时,本章把对数化处理后的金融科技指数 FTP 替换了城市层面的金融科技公司数量 Fintec,重新对模型(6-2)进行 OLS 基本回归分析以及固定效应分析。回归结果如表 6-9 所示。由结果可知,即使是更改解释变量,金融科技发展对商业银行影子银行业务依然存在显著的抑制效应,结果依然保持稳健。

表 6-9 替换解释变量后的回归结果

变量	(1) shadow	(2) shadow	(3) shadow	(4) shadow
FTP	-0.045*** (-4.75)	-0.044*** (-3.20)	-0.028*** (-2.82)	-0.032*** (-3.27)
size	—	0.011** (2.32)	—	0.023*** (4.31)
roa	—	-8.504** (-2.33)	—	-6.254** (-2.18)
dl	—	-0.002*** (-5.54)	—	-0.001*** (-3.60)
npl	—	-0.020 (-1.58)	—	-0.037*** (-3.54)
car	—	-0.019*** (-5.08)	—	-0.005 (-1.50)
nii	—	2.069 (0.82)	—	-1.051 (-0.44)
nim	—	6.251*** (4.70)	—	7.055*** (6.78)

续表

变量	(1) shadow	(2) shadow	(3) shadow	(4) shadow
m2	—	-0.004 (-1.40)	—	-0.022 (-1.50)
gdp	—	-0.024*** (-3.35)	—	-0.044 (-1.00)
shibor	—	0.004 (0.41)	—	0.095*** (2.68)
Constant	0.095*** (14.77)	0.332** (2.43)	0.049*** (5.13)	-0.277 (-1.52)
Year	NO	NO	YES	YES
Banktype	NO	NO	YES	YES
Province	YES	YES	YES	YES
Observations	280	280	280	280
R^2	0.055	0.426	0.461	0.661
Adj R^2	0.0521	0.402	0.437	0.636

6.5 作用机制分析

本节在上文分析的基础上进一步从信息甄别机制和风险控制机制两个层面来分析金融科技抑制商业银行影子银行业务的具体作用机理。

6.5.1 信息甄别机制

严重的信息不对称问题是银行经营传统信贷业务时面临的巨大挑战，尤其是面向中小型企业，信息不对称不仅限制了传统信贷业务的发放规模，也提高了企业的融资成本。而金融科技的发展有助于改变这一格局。金融科技的发展有助于缓解银行信贷过程中的信息不对称问题，有效甄别可用信息，加大信用贷款占比,优化银行信贷结构。在金融科技引领的数字化时代下,信用从单维度指标变为可以量化的多维度数据。金融科技利用人工智能、云计算和区块链等技术从互联网上对企业的财务信息数据、司法信息以及知识产权等进行采集和集中化处理,自动获取客户信用记录,评估客户授信额度,实现金融服务与各层次用户之间的深层次对接。人工智能等手段通过智能分析及决策,可快速产出信用报告。蚂蚁金服在审批借款时就会利用传统审贷信息之外的非财务信息进行辅助审贷,这不仅降低了双方的信息不对称性,而且拓宽了各类信贷服务的边界,缓解了金融排斥问题,优化了信贷结构,提高了信用贷款占比(孙旭然等,2020)。另外,金融科技手段可以基于海量的数据进行快速处理,对企业行为进行实时监测,加强贷后资金的风险管理,为信贷资源流向风险更大、技术要求更高的信用贷款提供了技术保障,进一步促进了实体经济的发展。在本章的研究中,我们将金融科技通过有效甄别信息从而导致信用贷款占比增加的过程称为信息甄别机制。

同时,金融科技主要通过外部经济、规模经济和范围经济作用于商业银行的信贷业务,降低了管理成本,也加快了信贷审批流程。有研究表明,基于美国住房信贷数据,在控制了一系列可能影响按揭贷款审批程序的因素以后,金融科技使贷款审批速度提高了20%,并且这种快速的审批没有增加贷款的违约风险(Fuster等,2019)。由此可见,金融科技的发展促使商业银行在降低成本的基础上增加了贷款供给。

综上所述,金融科技的发展不仅能在降低成本的基础上增加贷款供给,同时能有效甄别信息,解决信息不对称问题,进而增加传统的信贷业务规模。商业银行本身所从事的影子银行业务,从本质上来说是一种银行信贷的替代品,因此,随着商业银行合规贷款供给的增加,该银行的影子银行业务规模必然会有所减少。因此,金融科技的发展在有效甄别信息的基础上会导致银行的贷款供给增加,对影子银行业务产生"挤占效应",即金融科技通过信息甄别机制来抑制影子银行业务的发展。

本章选择银行贷款率 loan(银行贷款额/银行总资产)作为银行信息甄别机制的衡量指标。信息甄别机制越明显,银行的贷款占比就越高。中介效应的回归结果如表6-10所示。(1)列表明了金融科技指数Fintec与商业银行影子银行业务规模shadow之间显著的负相关关系，即金融科技的发展抑制了商业银行影子银行业务的发展。(2)列表明了金融科技指数Fintec与中介变量银行贷款率loan之间显著的正相关关系，即金融科技的发展提升了商业银行的信息甄别能力，进而导致银行的合规贷款供给增加。(3)列一方面反映了中介变量银行贷款率loan与商业银行的影子银行业务shadow之间的负相关关系，且在1%的水平上显著，即银行贷款供给的增加抑制了商业银行影子银行业务的发展；另一方面在加入了中介变量银行贷款率loan后，金融科技指数Fintec与商业银行影子银行业务规模shadow之间负相关不显著。上述分析表明，在金融科技发展对商业银行影子银行业务的抑制效应中银行贷款率存在完全的中介效应，即金融科技发展提升了银行的信息甄别能力，导致银行的贷款供给增加，而合规的贷款供给增加对其影子银行业务产生了"挤占效应"，由此，金融科技发展抑制了商业银行的银子银行业务。因此，信息甄别机制是金融科技抑制商业银行影子银行业务发展的传导路径之一。

表6-10 信息甄别机制

变量	(1) shadow	(2) loan	(3) shadow
Fintec	-0.002*** (-2.79)	0.002*** (3.28)	-0.001 (-1.36)
loan	—	—	-0.694*** (-9.43)
size	0.022*** (4.19)	-0.018*** (-3.54)	0.014*** (2.99)
roa	-7.280** (-2.54)	6.910*** (3.49)	-2.711 (-1.06)
dl	-0.001*** (-2.91)	0.005*** (13.51)	0.002*** (4.63)
npl	-0.040*** (-4.01)	0.019** (2.30)	-0.036*** (-3.41)

续表

变量	(1) shadow	(2) loan	(3) shadow
car	-0.004	-0.001	-0.004
	(-1.11)	(-0.39)	(-1.53)
nii	-1.796	-1.306	-2.613
	(-0.70)	(-0.73)	(-1.20)
nim	7.756***	0.399	8.533***
	(7.17)	(0.47)	(9.36)
m2	-0.043	0.013	-0.034
	(-0.99)	(0.43)	(-0.82)
gdp	-0.023	0.008	-0.018
	(-1.62)	(0.80)	(-1.33)
shibor	0.093***	-0.021	0.076**
	(2.62)	(-0.88)	(2.37)
Constant	-0.251	0.435**	-0.055
	(-1.41)	(2.56)	(-0.37)
Year	YES	YES	YES
Banktype	YES	YES	YES
Observations	282	264	264
R^2	0.666	0.778	0.774
Adj/Within R^2	0.642	0.760	0.756

6.5.2 风险控制机制

金融科技中大数据、区块链、人工智能等关键技术的应用能够提升商业银行对金融风险的防范和化解能力，有效实现了其风险管控（Livshits等，2014；Sutherland，2018）。金融科技对商业银行的风险控制效应主要通过以下两个层面来实现：一是借助金融科技可以实现银行信贷运作流程规范化，并借助大数据技术实现海量信息的整合与精加工，有利于缓解借贷双方的信息不对称问题，从而降低由于逆向选择所致的银行客观信用风险；二是金融科技能提高网上信贷模式的交易透明度，在一定程度上可抑制由于银行内部经理人或担保人博取高风险溢价的主观放贷意愿而引发的道德风险问题，从而降低银行主观信用风险。综上所述，金融科技既能对来自借款企业逆向选择的银行客观信用风险形成约束，又能对来自银行内部治理机制的主观道德风险形成抑制，从整体上降低银行信用风险，进而实现银行风险治理目标。

同时，金融科技的飞速发展加速了利率市场化的进程，不可避免地会冲击传统金融行业。银行间市场利率由市场决定，高于存款利率。因此，在金融科技快速发展背景下，大量资金从存款市场流向银行间市场，银行从传统存款市场获得资金变得更加困难，但在银行间市场获取资金则更加容易，即金融科技的发展使商业银行负债端对批发性融资的依赖程度逐年增加（邱晗等，2018）。由于银行间市场的资金并不需要缴纳20%的存款准备金，所以银行间的同业拆借规模进一步扩大。由此可见，金融科技的发展一方面会提升银行的自我风险管理水平，另一方面会进一步促进银行对同业拆借市场的依赖，两者共同作用导致银行同业拆借规模的增长。

借鉴邱晗等（2018）的做法，本章利用中介效应检验方法，构建依次递归模型来检验"金融科技→同业拆借业务→影子银行业务"的传导机制。其中，同业拆借业务用同业拆出资金规模的占比IB来衡量，即：

IB＝（存放同业和其他金融机构款项+拆出资金-拆入资金-同业和其他金融机构存放款项）/资产总计　　　　　　　　　　　　　　　　　　（6-3）

中介效应的回归结果如表6-11所示。（1）列表明了金融科技指数Fintec与商业银行影子银行业务规模shadow之间在1%的水平上呈显著负相关，即金融科技发展抑制了影子银行业务的发展。（2）列表明了金融科技指数Fintec与中介变量同业拆出规模IB之间在1%的水平上呈显著正相关，即金融科技的发展导致商业银行的同业拆出业务规模不断增加。（3）列表明了中介变量银行同业拆出规模IB与商业银行影子银行业务规模shadow之间在1%的水平上呈显著负相关，即银行同业拆出规模的扩大，必然会对其银子银行业务产生"挤出效应"；此外，在加入了中介变量同业拆出规模IB后，金融科技指数Fintec与商业银行影子银行业务规模shadow之间负相关不显著。上述分析表明,在金融科技发展对商业银行影子银行业务的抑制效应中银行同业拆出规模 IB 存在完全的中介效应,即金融科技发展通过扩大银行同业拆出规模,从而产生的"挤占效应"直接抑制了其影子银行业务的发展。因此,风险控制机制也是金融科技抑制商业银行影子银行业务发展的传导路径之一。

表 6-11 加入风险控制机制后的回归结果

变量	(1) shadow	(2) IB	(3) shadow
Fintec	-0.002***	0.002***	-0.001
	(-2.79)	(3.38)	(-1.38)
IB	—	—	-0.518***
			(-10.05)
size	0.022***	-0.016**	0.009*
	(4.19)	(-2.57)	(1.93)
roa	-7.280**	9.522***	-0.188
	(-2.54)	(2.89)	(-0.07)
dl	-0.001***	-0.002***	-0.002***
	(-2.91)	(-3.33)	(-4.63)
npl	-0.040***	0.025*	-0.023**
	(-4.01)	(1.83)	(-2.26)
car	-0.004	0.006	-0.000
	(-1.11)	(1.58)	(-0.16)
nii	-1.796	-0.721	-2.549
	(-0.70)	(-0.37)	(-1.14)
nim	7.756***	-1.176	6.319***
	(7.17)	(-0.94)	(6.97)
m2	-0.043	0.030	-0.037
	(-0.99)	(0.90)	(-0.95)
gdp	-0.023	-0.001	-0.021*
	(-1.62)	(-0.07)	(-1.66)
shibor	0.093***	-0.042	0.080**
	(2.62)	(-1.51)	(2.49)

续表

变量	(1) shadow	(2) IB	(3) shadow
Constant	−0.251 (−1.41)	0.293 (1.35)	−0.004 (−0.03)
Year	YES	YES	YES
Banktype	YES	YES	YES
Observations	282	252	252
R^2	0.666	0.540	0.761
Adj R^2	0.642	0.502	0.740

6.6 本章小结

中国的金融科技发展填补了传统金融服务的许多不足。在存款利率受到一定管制的背景下，余额宝等金融科技产品借助互联网平台吸收居民的闲散资金，通过货币基金等形式参与银行间市场，实质上推动了存款的利率市场化。同时，金融科技借助其先进技术，也扩大了金融的服务广度与深度，必然会对传统的商业银行带来一定的冲击。本章以2011~2019年中国沪深两市A股上市银行为样本，实证检验了金融科技对商业银行影子银行业务发展的影响，并进一步深入分析了两者间的传导机制。本章研究结果显示：第一，金融科技显著抑制了上市银行的影子银行业务规模，而能有效削弱其所引发的银行违约风险及系统性金融风险。第二，与中小型银行相比，金融科技对大型商业银行的影子银行业务的抑制效应更强。进一步研究发现，金融科技对商业银行影子银行业务的抑制效应，主要是通过风险控制机制和信息甄别机制来实现的。

本章的研究结论对于当前金融科技快速发展背景下，传统的商业银行应如何积极应对这一挑战提供具有较强实践意义的政策启示。

第一，金融科技能提高整个金融行业的经营效率，助推实体经济发展，因此，商业银行应积极应对这一挑战，并结合金融科技进行相应的业务转型。对于国际化程度较高的银行，可将向全球大型制造业客户提供一体化现金管理服务作为主要业务，借助物联网、区块链等技术，自动记录、识别和分析企业的采购、生产、销售等各环节的情况，对企业实现长臂、实时、智能服务和管理，提升银行服务的智能化程度；对于以个人财私业务为主的银行，可提供智能投资顾问服务作为主要业务，在投资端借"机器学习"，在个人风险评估端借数据整合技术，以科学的方式做到比客户更了解客户，帮助客户做出相符的决策。

第二，银行之间、银行与其他金融机构之间应借助金融科技加强合作、加强改革，共同提升金融的服务广度与深度，提高对实体经济的支持率，使资金尽快回归到实体经济建设中。借助大数据和物联网，金融体系内部要加强合作，尤其是商业银行。商业银行对互联网金融科技企业，无论是关注、联系还是参与度，一般都比较松散，当前仍主要停留在与传统经营比较的模式上，而对科技企业的关注和评测以定性或输出成果为主。为改善这一状况，商业银行应与非银行类金融机构、金融科技企业圈等建立更加平视的关系，形成常态互动、信息交换机制，实现规模效应，提升金融服务实体经济的效率。

第三，进一步加快市场利率化进程，尽可能降低存贷款利率管制，借助金融科技进一步降低小微企业的融资成本，缓解其融资约束，助推实体经济发展。借助金融科技的大数据技术，可以有效甄别企业的风险因子，有效降低向小微企业提供贷款的违约风险。借助金融科技的关键技术，商业银行等金融机构可有效扩大对小微企业的金融支持，降低其融资成本，真正服务于实体经济。

第四，金融科技在提高金融运行效率、扩大金融服务广度的同时，会强化金融体系内部的风险扩散效应，加大金融体系的风险。这就要求金融监管必须升级，要建立金融科技背景下专有的金融监管体系，有效控制金融体系的金融风险，为实体经济发展保驾护航！

第 7 章　影子银行业务的风险防控与规范发展

　　2008~2017 年是中国影子银行发展的黄金十年，后金融危机时代的背景注定其有天然的发展成长机遇与得天独厚的环境。中国影子银行诞生于特殊时期，在一定程度上促进了国民实体经济发展与金融行业高速成长，有其积极意义和存在必要性。当前，虽然影子银行在中国金融体系中发挥着不可替代的重要作用，但是随着影子银行的发展壮大以及复杂延伸，影子银行业务的风险问题开始凸显。

　　2017 年 4 月，习近平总书记在中共中央政治局第四十次集体学习上的讲话中首提金融安全；2017 年底，中央经济工作会议提出了三大攻坚，将预防和解决重大风险作为当前首要任务，其中影子银行风险是当务之急的重大问题；2018 年 1 月，中国银监会披露 2018 年整治银行业市场乱象工作要点，其中重点指出影子银行要加强监管；2018 年 3 月，中国人民银行行长易纲首次公开强调，存在大规模的不标准化影子银行，少部分野蛮发展的金融控股集团隐藏着巨大风险；2018 年 4 月，《关于规范金融机构资产管理业务的指导意见》正式落地，有序化解和处置"影子银行"风险被提升到首要位置；2018 年 5 月，中央银行出台了《2018 年第一季度中国货币政策执行报告》，提出以往国内宏观杠杆率过度上行，影子银行在其中起到了主要推动作用；2020 年 12 月，中国银保监会第一次对外发布《中国影子银行报告》，提到必须建立和完善对影子银行的持续监管体系。在全球流动性紧缩的当下，顶层设计

第 7 章　影子银行业务的风险防控与规范发展

如何处理好经济上的内外两个均衡，尤其是内部的改革、发展与守住不发生系统性风险之间的均衡，更是挑战重重。某种程度上而言，通过治理影子银行这个主要抓手，短期内对于防控金融行业系统性风险，中长期内对于国民实体经济的良性稳定运行，均至关重要。

中国监管部门于 2018 年 1 月出台了《商业银行委托贷款管理办法》，同年 4 月出台了《关于规范金融机构资产管理业务的指导意见》等规章办法来强化监管；自 2019 年以来，有序化解影子银行风险成为我国银保监会监管目标之一；2020 年初，银保监会发布《关于推动银行业和保险业高质量发展的指导意见》，针对有序化解影子银行风险提出了明确要求，强调"按照业务实质实施一致性、穿透式、全覆盖风险管理"。有关部门化解和处置影子银行风险也取得初步成效，但是中国影子银行资产规模巨大，关联企业深广，治理影子银行业务风险需要循序渐进，方能事半功倍，真正达成既定目标。

由第 4 章分析可知：①商业银行开展影子银行业务显著削弱了上市银行的风险承担水平，也即显著加大了银行自身的违约风险。②与中小型银行相比，大型商业银行的影子银行业务对银行风险承担水平的削弱效应更强，致使银行的违约风险扩大。③与宽松型货币政策不同，在紧缩型货币政策背景下，商业银行开展影子银行业务更能削弱银行的风险承担水平，加大银行自身的违约风险。进一步研究发现，商业银行从事的影子银行业务对其风险承担水平的削弱效应，主要通过杠杆率机制和净息差机制来实现。

由第 5 章分析可知：基于 Adrian 和 Brunnermeier（2016）的研究，采用 CoVaR 的方法测度了我国上市银行的系统性风险贡献。对于商业银行影子银行业务对系统性金融风险的影响，从理论模型推导和实证计量模型回归两个层面进行了研究，其结果均表明商业银行从事的影子银行业务易引发系统性金融风险，即商业银行开展的影子银行规模越大，其所引发的系统性金融风险也将越大。实证计量模型经过回归检验，进一步发现，影子银行业务在金融体系内的风险扩散效应在大型商业银行群体内尤其显著。

第 6 章研究结果显示：①金融科技显著抑制了上市银行的影子银行业务规模，能有效削弱其所引发的银行违约风险和系统性金融风险。②与中小型银行相比，金融科技对大型商业银行的影子银行业务的抑制效应更强。进一步研究发现，金融科技对商业银行影子银行业务的抑制效应，主要是通过风险控制机制和信息甄别机制来实现的。

综上所述，商业银行开展影子银行业务，一方面，削弱了银行的风险承担水平，加大了其自身的违约风险；另一方面，由于金融机构间的关联性增强，使风险扩散效应日益凸显，进而加大了系统性金融风险。中国金融科技的快速发展在相当程度上改造甚至重塑着传统金融的业务模式与竞争格局，给传统金融市场、业务模式和产品流程带来了系统性影响，尤其会影响在我国金融体系中占据主导地位的商业银行。经实证检验证明，金融科技的发展抑制商业银行的影子银行业务规模，进而能有效控制银行自身的违约风险和系统性金融风险。因此，要有效防控商业银行影子银行业务风险，合理有效发展、利用金融科技是切实可行的有力举措。此外，商业银行影子银行业务风险的治理需要从多角度共同着手来推动。

7.1 国家宏观层面

7.1.1 统一口径以规范影子银行业务发展

国内不同部门对影子银行业务的规定与口径都有着很大的不同，因此增加了对影子银行的监督力度。为此，中国要逐渐确立我国特色的影子银行业务的界定口径和区域界定的研究方法，进一步明晰经营方式与操作流程，掌握影子银行业务的主要资本融通方式。在符合资本杠杆水平的区域内提高资本的有效运用效率，进一步完善地方商业银行的影子银行业务经营。

中国影子银行扩张主要是由于银行业受到了更加严厉的外部监督，同时银行业竞争加剧也使商业银行获利能力逐渐减弱，因此，商业银行想要存活只能探索创新经营模式。加剧的同业竞争在一定程度上促进了商业银行影子银行业务的发展，实现了业务创新，但也带来了金融风险，影响了银行的稳定性。商业银行是国家金融的中坚力量，是国家经济社会发展的最强有力保障，政府部门应当制定相关的法律政策，来规范商业银行之间的公平竞争。对影子银行的内涵与外延进行明确定义，并合理指导商业银行开展影子业务，可努力避免影子银行的经营风险，同时发挥影子银行业务助推实体经济的积极性。只有实现了所有影子银行数据口径的统一，才能合理调动所有影子银行的工作积极性，外部监管才能有的放矢，国家的金融风险防范才能取得事半功倍的效果。而口径的统一，只有国家层面的权威机构或官方机构才能实现。为了防止或减少商业银行的影子银行业务风险，统一口径是第一步。

7.1.2 加速利率市场化进程以引导影子银行业务发展

为市场经济的良性发展，国家采取稳健的货币政策以及收紧银根，但是这种中性的宏观调控政策却导致了部分中小型企业融资难。对于货币流动性的限制造成了证券市场不能充分发育，再加上传统银行的资本融通信贷能力过高，使得一些传统银行在市场规范管理中并没有发挥作用，各种市场影响因素也促成了影子银行的出现以及进一步发育。但是由于影子银行自身的收益水平小于股市收益，这使可以在市场规范框架内投资的中小型企业以及部分投资于理财产品中的社会闲散资本分流至影子银行业务的多样化中，从而扰乱了证券市场的进一步发育。市场化利率是指金融资产的价值全部被金融市场上的价格行为所确定，在市场经济的正常运作中利率也能够充分起到调节资源配置的功能。所以，在当前的经济领域内，政府应在利率市场化情况下适当促进影子银行业务的发展，以推动国民经济的正常发展与增长。

由于金融机构新产品的数量不断增多和金融机构对衍生性商品的买卖程序的繁琐，也使难以监管的影子银行问题变得更加扑朔迷离。不公开及繁琐的交易和狂增的投机活动，都极大增加了政府部门的监管难度，并向金融市场的稳健发展提出了挑战。因此，只有稳住市场利率水平，鼓励但约束金融机构改革创新，政府才能为影子银行业务的发展引导合理的方向。

利率市场化步伐的加速会逐步压缩利差，通过监管套利所产生的影子银行业务的利益空间也会减少，这样就可以适当带动商业银行的影子业务增长，也可以有效减少商业银行的违约损失和系统性金融风险。

7.1.3 完善影子银行的相关法律体系

中国影子银行是中国金融业发展不健全、政府监管不全面的必然产物，经过了十多年高速发展，逐渐产生了市场结构紊乱、政府监督管理不力、法律关系不清以及刚性兑付严重等问题，导致影子银行潜在系统风险巨大，并已有重大风险溢出的案例出现。本书研究发现，影子银行以监管套利形式承接了银行原有业务，并借此蓬勃发展。因此要减少影子银行系统性风险，首先需要完善影子银行法律体系和监管框架。针对影子银行业务的规范，金融监管部门在现有管理措施的基础上，朝着进一步规范和透明化的目标开展，以引导影子银行的服务走向规范，这样做有助于促进我国的金融服务体系的全面转型，促进直接融资占比快速提高。我国影子银行业务改革应该成为中国当前金融业发展与改造中的一项重要任务，从当前中国金融监管改革的长期发展方向来分析，不断完善中国当前的金融体制改革，相关法规体制和金融监管框架的建构就是当前的重要任务，设立合理界限，而不是将所有的信用活动都严格列入金融监管范围。关于对金融行为的监督与管理，包括：一要根据其功能的特点进行确定；二要根据其法律关系进行确定；三要根据利益关系和需承担的风险责任进行确定；四要判断金融行为究竟是与少数人的利益有关，还是与大多数人的利益有关，假若是关系到少数可以承担风险人的利益，则可以适度进行控制，假若是关系到绝大部分投资人的利益，则由于从众心态的存在，不乏浑水摸鱼的情况发生，故而要对这些金融产品及其关联行为进行严密控制。假如可以针对中国商业银行系统内部与体系之外的所有此类财务和信贷活动进行上述四点的严格划分，那么中国目前影子银行体系的发展将更有机会推动中国金融体系的进一步完善，从而推动中国金融服务结构由传统偏重的间接金融服务结构发展，转变成对直接和间接金融机构进行平衡发展的新结构,可以说,这是我国金融结构变革的深入探索[①]。商业银行开展影子银行业务的法律框架要不断完善,内部的法律条文要更加细致,为商业银行影子银行业务的发展扫清法律层面的障碍,有助于对其风险进行防范和控制。

7.1.4 大力发展金融科技使金融更好地服务于实体经济

结合金融科技行业在我国的发展情况,应从理论上分析金融科技创新影响实体经济发展的机理,一方面,金融科技创新能够拓宽融资渠道、提供信用服务和降低金融成本,提高中小型企业的市场盈利能力,促进消费金融的发展,进而推动实体经济发展;另一方面,金融科技创新在引导社会资金进入实体经济、支持实体经济转型、缓解融资贵方面能够提升服务实体经济的效率和作用,进而支持实体经济发展。

在利率市场化进程下,金融科技的发展可以逐步减少中小型企业的融资成本,进而减少其投资约束,以推动实体经济发展。借助金融科技的大数据分析技术,可以有效甄别企业的风险因子,降低向中小型企业提供贷款的违约风险。依托金融科技的关键技术,商业银行等金融机构可以有效增加对中小型企业的金融服务支持,从而挤压影子银行的发展空间,并大大降低了其投资成本,切实推进金融服务于中国实体经济的目标。为鼓励金融创新并更好地推动实体经济发展,本章主要从科技条件、政府监管机制和人才培养三方面,给出了以下对策意见:

第一,采取各种鼓励措施来支持信息技术的原创性研发,为金融科技的发展与应用提供良好的社会环境。为金融科技的再创新与应用提供强大的技术支撑,除了要注重信息核心技术研发本身,更要想方设法积极夯实信息技术基础,由此技术才能得到有效的应用。具体来说,互联网征信就是加大对金融科技应用的一个强有力的突破口。大数据技术在征信数据采集、信息分析、信用评估等方面具有非常强大的优势,它的应用有助于构建更加完善的

---

① 吴晓灵. 商业银行主导的金融体系是影子银行发展的内因 [EB/OL]. 清华五道口全球金融论坛,2014,http://finance.people.com.cn/money/n/2014/0511/c384869-2500 1585.html.

社会信用体系。因此，要鼓励从事征信服务的机构加大对金融科技创新技术的应用，为公众提供更加公平普惠、便捷高效的互联网征信服务。将征信与大数据等先进技术结合为金融机构提供真实可靠的信用服务，有利于降低商业银行从事影子银行业务的信用风险，进而有效控制系统性金融风险，优化实体经济的融资环境。

第二，完善金融科技发展的法律体制框架，强化政府对金融科技领域的监督。金融科技要想真正发挥对中国实体经济的促进作用，就需要更加完善的法律机制来规范其发展。金融科技作为互联网金融的升级版，需要在其开展初期就有相对健全的法律体系加以规范，监管部门应当尽快建立包括产业准入要求、信用发布、风险管理等方面的法律体系架构，进一步推动我国金融科技产业自律，逐步形成产业自律规范体系和产业黑名单，以减少各类风险出现的概率，强化对违法乱纪行为者的教育惩戒，以促进金融科技的发展，从而为实体经济提供更加高效、普惠的服务。

第三，强化对金融科技专业人才的培训，确保金融科技理论研究和实践运用之间的高效衔接。专业人才不足是影响金融科技创新推动实体经济发展的突出问题，当前迫切需要既了解网络信息技术又熟悉传统金融机构工作环境的复合型人才。所以，要强化对金融专业技术人才的培训，特别是加强对大数据分析、区块链技术运用、网络金融风险管理等高层次专业技术人才的培训，才能真正为金融科技创新推动实体经济发展提供强大的人力资源保障。

7.2 金融监管层面

2016年底，习近平总书记在中央经济工作会议上强调，要把防范化解金融风险放到更加重要的位置；2017年2月，在中央财经领导小组第十五次会议上，习近平总书记特别指出要坚决治理市场乱象，坚决打击违法行为；

2018年4月27日，资管新规落地以来，各种监管文件不断出台、金融去杠杆，治理影子银行更加严格；2020年初，银保监会发布的《关于推动银行业和保险业高质量发展的指导意见》中提出，要有序化解影子银行风险，继续紧盯监管套利、加通道、加杠杆的影子银行，包括同业投资、同业理财、委托贷款、通道类信托贷款等业务。在党中央、国务院统一领导和部署下，金融管理部门迅速行动，对影子银行重拳出击，努力消除系统性金融风险隐患。

在整个过程中，必须掌握如下操作方式和准则：一是保持稳中求进。稳中求进管理工作的主要基调是治国理政的重大基础，更是全面搞好经济与金融管理工作的重要方法论基础。稳是主基调，是稳定大局，对拆解影子银行一直做到了强度与节拍上的艺术把关，同时充分考虑了金融机构与市场主体的承载力，务求精确施策、对症下药，切实防止出现"处置风险的风险"，整治金融市场乱象，使其对经济社会发展的直接冲击降到最低点，实现国民经济稳定与健康运行。二是要突破关键。坚定社会问题取向，优先应对当前最重大、最迫切、最可能产生系统性危机的社会难题。经反复研究和分析后，整治的重点放在了银行同业、基金理财产品和表外投资上。这三个领域是整个中国影子金融制度的"钱袋子"，其资金空转最严重、社会问题最隐蔽，并联通了众多领域、行业和金融机构，对金融机构的经营稳定与安全造成了严重威胁。三是搞好统筹协作。在国务院金融稳定发展委员会的指导下，各部门密切协作，打好组合拳。在重要措施实施中充分交流协作，加强政策协调，保证形成合力，提高整治成效。四是切实协调好抗风险和保发展的关系。做好动态调节、相机调度工作，不刻舟求剑。针对国际宏观态势和中国国内的宏观经济环境变化趋势，对各种影子银行分级处理，区别对待。既精准"拆弹"，又发挥金融系统对经济发展的重要支撑功能。五是时刻掌握好既治标又治本的基本原则。既处理了短期问题，压降突出的风险问题和乱象，又立足长期，补短板，着力推进完整建设，逐步建立健全风险防范长效体系。

围绕着上述五大工作原则，金融监管层可从以下几个方面来监管商业银行的影子银行业务发展。

7.2.1 金融监管从分业监管向综合监管过渡

名义上，我国金融业实行分业经营模式，但事实上金融行业已广泛存在综合经营的状况，且呈现快速发展态势，主要表现在以下几个方面：第一，金融机构跨业投资步伐加快；第二，金融控股公司数量逐步增加；第三，投资于金融业的非金融企业增多；第四，以理财产品为主的交叉性金融产品迅猛发展；第五，网络金融的飞速发展推动了综合经营的深入开展；第六，民营银行的发展促进金融业综合经营。总之，市场力量推动了我国金融业综合经营的高速发展，经营模式的转变客观上要求监管方式的改变。而商业银行所开展的影子银行业务，更是牵涉多个金融主体的参与，因此，监管不能仅仅是对商业银行的监管，也包括通道业务过程中牵涉的其他金融主体。

在当前的分业监管背景下，政府应当加强监管体制并协调部际联席委员会制度建设来改善现阶段的分业监管格局，进一步完善监督体制。解决由此带来的金融市场分割以及金融监管标准不统一的问题，最大化减少监管空白和制度套利以及由于各种金融监管政策重合导致商业银行合规成本过高的情形出现，进而使商业银行不至于完全依靠影子银行来完成盈利。更加重要的是，货币金融调节方法也必须从固化的市场数量调节方式逐步转变为更具灵活性的市场化价值调节方式。

就世界金融业的发展情况来说，综合运营已成必然趋势，中国为了进一步促进综合运营发展，不仅要加强与金融监管合作，还必须从多方面入手进一步完善对综合运营的管理。在金融服务与实体改革相适应的前提下，通过微观和宏观审慎管理，中国影子银行应向资产证券化等改革创新的方向发展，同时通过专业化、标准化的资产证券化业务来盘活存量的信贷资金等，使资本融通质量提高，进而推动中国的实体经济发展。

7.2.2 提高监管指标的灵活性以实行分阶段、分类监管

商业银行影子银行业务模式通常都会因为金融监管措施变化而不断变化，所以不能对各种形式的影子银行业务活动实施统一监管。例如，以理财产品

形式进行的影子银行业务项目,由于作为类信贷服务的形式可以实现信贷创新,将影响货币供给的实际水平,在一定意义上也会影响我国货币政策的执行成效。所以针对这种影子银行业务活动,就必须将其引入国家信用贷款监督管理系统。在影子银行业务系统中,由于作为参与主体的金融机构间关联性非常强,加上影子银行业务本身具有期限错配、短期流动性等风险因素,因此容易引发系统性金融风险。监管部门应当将其引入金融审慎监管框架中,运用新型的管理手段对这些影子银行活动实施针对性监督。此外,对于互联网金融平台和民间借贷等影子银行业务,监管部门要加大监管力度,严禁出现非法集资或者变相吸收存款的情形发生,从源头上切断影子银行业务对银行经营风险传播的途径。

对商业银行影子银行业务的监管和规范也应遵循一定的逆周期性,防止运动式的清理可能带来的融资紧缩,进而冲击实体经济。我国商业银行影子银行业务往往具有显著逆监管周期效应。在紧缩型货币政策下,实体经济资金面过紧,影子银行业务往往会快速发展,若采取运动式的清理,在贷款投放受到种种约束不能相应扩张时,贷款之外的融资渠道因为严厉清理所带来的融资收缩,可能会给实体经济带来明显的冲击,此时应采用分阶段、软着陆的方式控制风险。此外,由于当前存在一些可能违规运用"资产池"的理财产品,短期内这些理财产品的正常运转依托于投资者对理财产品的信心和持续发行,如果突然对理财产品实施强制性限制,可能使原来正常运转的理财产品突然面临资金链断裂的风险,对这些部分由于违规行为带来的潜在风险,较为可行的方法是通过资产池的不断规范对其进行软着陆式的消化。因此,对这些影子银行业务的规范和强化监管也应遵循一定的逆周期性。

要适当加强对大型商业银行的影子银行业务监管。首先,由于我国大型商业银行的全国网点覆盖率较高,具有先天优势,其规模越大,越有利于其开展影子银行业务。而影子银行业务跟银行传统信贷业务的不同之处就在于其高风险,因此,大型商业银行开展影子银行业务对其自身的风险扩散效应会更明显。其次,在存款竞争与利率市场化的推动下,大型商业银行越来越多地参与到表外活动中,成为影子银行业务活动的主要参与者,影子银行业务可能会将银行管理者的注意力从有效运营中转移。最后，长期以来，我国大型商业银行"公有化"色彩浓厚，其在追逐利润的同时，也担负着维护金融稳定的社会责任，致使大型商业银行在经营过程中行为更加谨慎。大型商业银行的战略定位，决定了其从事高风险的影子银行业务，必然会加大银行自身的违约风险。因此，监管部门要加大对大型商业银行的影子银行业务监管，将其影子银行业务控制在合理范围内，在防范与化解影子银行体系风险的同时发挥其作为正规金融信贷补充的功能。

7.2.3 建立相互融通的监管体系以强化协作

影子银行所引发的系统性金融风险大多是由监管不当导致的。影子银行产品的复杂度越来越高、透明度越来越低，制约了金融机构的稳定发展。明确影子银行的范围是金融监管的基础，我国监管体系虽在不断完善和发展，但与发达国家相比仍存在很多漏洞。我国应进一步扩大金融监管范围，完善法律规定。监管各部门应扩大协同范围，相互促进与监督，强化监管部门之间的协作。

商业银行为了完成贷款业务，必须开展影子银行业务活动并最大限度地利用监管空隙，通过与不同信用中介机构协作进行监督套利。我国目前实行的分业监管模式也是影响商业银行等其他金融机构可能有套利机遇的重要因素。由于分业监督让各监管机构都只对相应监督部门的组织和业务实施监督，跨领域监督往往存在着一定的局限、矛盾冲突和消极效果。而影子银行的业务活动通常会涵盖多种业务、众多主体，经营模式复杂，因此分业监督显然具有一定的缺陷。所以为了解决这些监管问题，政府部门就必须充分调动各个部门的积极性，主动加强人民银行、银保监会等相关监管机构的协调和合作，进一步明晰各监管机构的职能，加强各监管机构间的协调互动，增强监督实效性。与监管部门相比，行业内自律机构对整个行业的发展趋势和现状掌握得比较深入和准确。所以，金融监管机构应强化和业内自律机构之间的协作，发挥自律机构在市场监管上的优势，从而有效地解决金融监管机构监管滞后的问题。

2017年7月召开的全国金融工作会议明确提出国务院成立发展委员会，这将有助于实现"功能性监管"。在监管实践中，无论是坚持"一行三会"的监管模式，还是逐步打破这种分业监管机制，功能性监管都将成为今后金融监管的主流发展趋势。通过功能性监管对风险实现有效的控制，一方面可以有效缓解金融监管体系落后的情况，另一方面有助于克服银行间监督套利的现象。同时，中国政府要加强与其他国家和国际组织的合作，总结不同发达国家风险防范的成功经验，深入研究其实际状况和风险情况，以提高我国影子银行监管的全面性和有效性。

7.2.4 积极利用金融科技以助推有效金融监管

中国的金融科技发展填补了传统金融服务的许多不足。在存款利率受到一定管制的背景下，余额宝等金融科技产品借助互联网平台吸收居民的闲散资金，通过货币基金等形式参与银行间市场，实质上推动了存款的利率市场化。同时，金融科技借助先进技术，也扩大了金融的服务广度与深度，必然会对传统的商业银行带来一定的冲击。如第6章研究结论所示，通过风险控制机制和信息甄别机制，金融科技的发展能有效地抑制商业银行的影子银行业务规模，从而减少银行的违约风险，降低系统性风险。因此，对监管部门而言，也要积极利用好金融科技，以有效控制影子银行业务规模，降低金融体系风险。

对于互联网金融，监管部门可构建兼具普遍性和特殊性的风险监管体制，在促使互联网金融发挥"鲇鱼效应"的同时，严防各类风险。具体地，可以结合互联网金融产业风险监管的一般要求和互联网金融典型业态风险监管的具体需求，参考巴塞尔委员会的监管机制与流程规范，制定包括进入退出、激励惩罚、合规审查、信息披露、风险准备、风险分担在内的整体监管框架及具体操作流程，加强针对互联网金融风险的全链条监管。

对于监管机构来说，由于金融市场新业态技术在重新焕发市场活力的同时带来了新的金融风险，所以政府监管机构必须高度重视新技术对金融业所产生的冲击，提早规划、密切跟踪、严格监督新技术在市场中操作的各个环节和过程，并及时控制风险来源，把系统性风险控制在相对可控的范畴内。一是健全金融管理规章制度。尽管国家先后颁布过一些法令以规范金融科技研究的开展，但并未有统一的、专业的立法对金融科技领域作出划分和规范，导致在具体执行实践中出现具体要求不清楚、不具有操作性等诸多现象。因此，政府监察部门要加强对金融科技制度的研究，密切跟踪市场动态，不断完善相关的法律规定。二是完善商业银行考核制度。商业银行竞争的关键不再是资本规模、网点覆盖率等传统因素，而是转向银行技术的创新能力、个人信息服务、网络金融服务系统运营以及用户服务等各个领域。政府监察部门要紧密结合银行业的发展创新趋势，进一步调整和优化金融机构评价制度，以有效指导商业银行加速技术升级和转型发展。三是促进金融科技企业与商业银行之间强化协作和配合，走融合式发展路线。商业银行需要产品设计和业务创新，而金融科技企业则要求服务产业化和规模化，商业银行与金融科技企业之间的通力合作有助于完成对商品和业务的过程再造，为广大消费者创造更为优良、便利的服务和商品。为此，监管部门应加强金融机构和商业银行的协调配合，推动双方充分发挥各自的资源优势，进一步增强银行业金融服务实体经济的效能。

7.2.5 多管齐下以有效监管影子银行风险溢出

第一，要加强"去杠杆"的力度，进一步完善监管。逐步淡化各种机构相互之间的资金连带关系，让其分别发展各自的主营业务，做分内事，以实现系统风险隔离；构建起商业银行和影子银行之间的经营风险防火墙，以尽量避免经营风险的溢出效应，同时针对影子银行资本金和流动性需求进行明确；促使非银机构降低资管产品头寸，减少影子银行及相关融资产品的投资规模。

第二，严格监控影子银行投向的重点领域。主要涉及房地产行业、政府投融资平台、过剩产能公行业以及资源矿产类企业等，政府部门及监管机构要加强对风险和资金的监管，使市场信息透明化，并建立更加灵活的风险预警制度，以有效掌握准确、统一、完整的统计数据和信息资料。

第三，对影子银行业务的"通道"加以约束，特别是资管产品渠道。通过观察表面现象来分析影子银行业务背后的本质，将所有与影子银行业务相关的资金来源、中间流程信息以及最后的资金投向联系起来，站在全局视角下通过整个中间程序信息来判断影子银行业务的本质属性，从而落实相关的金融监管政策。同时，还要强化对影子银行业务通道的短期流动性管控，从严控制相关机构设立资本池或者类似资金池，降低因期限错配所造成的短期内流动性兑付经营风险。

第四，对影子银行业务流程过长、杠杆过高、结构性过于复杂的产品设计实行渗透式检验。其中，特定目的载体（SPV）投资要严格按照穿透准则，与终极债务人利益相匹配；切实提升企业风险管控能力，为渗透式金融监管创造条件。对于银行理财债权类投资对应的资金，要减少通道业务，并实行净值化管理，打破刚性兑付；对于非银金融机构资管产品，减少错配，实现净值化管理，打破刚性兑付。

第五，进一步收紧银行间市场，坚决遏制商业银行发展私募股权投资和对冲基金，督促商业银行将自身交易活动和投资活动从所有参与存款保险体系的商业银行机构中剥离出来；不允许贷款公司向银行融资，全力防范商业银行表内资本流向私募基金；针对商业银行表内股权投资及其他融资活动，要注重内部穿透监督，坚持实质重于形式，严格要求影子银行内部建立风险防控机制，将各类表内外业务以及实质上由银行业金融机构承担信用风险的业务纳入统一授信管理。

7.3 商业银行层面

一方面，商业银行影子银行业务在一定程度上缓解了企业的融资约束，促进了经济的发展，因此，要适度繁荣影子银行体系，促进金融资源的均衡配置。信息不对称的客观存在使金融歧视现象非常普遍，尤其是对于融资约束较为严重的中小型企业而言，金融资源配置效率较低。影子银行通过制度与工具的创新在一定程度上可以缓解信息不对称问题，提高金融资源的配置效率，缓解小微企业的融资约束问题，缓和区域金融供需的结构性矛盾。特别地，在正规金融体系覆盖不到或者不愿涉猎的领域，影子银行所提供的金融资源对于缓解融资约束问题的作用较大。因此，在金融发展和深化背景下，影子银行业务的适度发展在促进金融资源均衡配置的同时，对经济增长以及金融稳定具有积极意义。

另一方面，本书的实证研究结果表明，影子银行业务发展的滞后效应会对商业银行的违约风险产生负面影响。商业银行影子银行业务的创新性及逃避监管的天然属性决定了其内在的风险积累机制，会影响商业银行的信用风险；而商业银行影子银行业务的通道机制及高杠杆运作等特征，极易导致商业银行内部风险向整个金融体系扩散，进而影响实体经济。因此，商业银行要厘清影子银行业务边界，采取不同的影子银行业务管理模式，防止风险交叉感染；要提高银行自身的风险防控能力，开辟新的业务模式；要提高银行报表的准确度和透明度，使影子银行业务便于检测风险；要加强对金融科技先进技术的使用，有效抑制影子银行业务规模，进而增强银行的风险承担水平。

7.3.1　针对影子银行业务采取多元化管理模式

对于商业银行而言，要区别和细分非传统银行业务的金融创新，针对不同的风险特征实施差别化监管。对所有的影子银行业务不能"一刀切"，要根据金融创新的机构主体和业务范围及业务功能等要素对其进行适当的区分，实施差别化监管。从促进非传统银行业务健康发展以更好地服务实体经济这一角度来规范和引导这些金融创新，努力摆脱对高风险影子银行业务的过度依赖，扮好实体经济金融服务者的角色。由本书研究结果可知，不同类型银行的经营效率存在较大区别，并且影子银行业务对商业银行经营效率具有异质性的影响。因此，为提高商业银行经营效率，不同类型商业银行应实行差异化的影子银行业务管理模式，以防范风险并提高经营效率水平。

第一，优化大型商业银行信贷结构，将影子银行业务纳入杠杆率测算范围。大型商业银行的地位比较特殊，尤其要加大对大型商业银行开展影子银行业务的监管，采取强有力的监管措施来控制大型商业银行的影子银行业务规模。一是在商业银行业务的杠杆率测算中要充分考虑影子银行业务，提高拨备覆盖率，为影子银行业务潜在的风险计提相应的拨备资金；二是降低由于发展影子银行业务所形成的中小银行不良贷款规模，发展科技含量高、附加值高的中间业务，以扩大非利息收入来源，减少商业银行对传统利息收入的依赖。大型商业银行应充分利用客户信息及数据挖掘技术提升业务质量，以提高自身盈利水平。一方面，数据挖掘可避免优质客户"脱媒"，提高存量信贷资产质量，寻求到新的利润增长点；另一方面，大数据可加强银行的风险管理能力，利用客户交易行为的数据准确识别潜在的风险，避免贷款违约损失。

第二，通过扩大股份制商业行务范围，进一步增强影子银行业务的透明度。一是通过精准定位主要目标行业和用户，着力于为中小微企业提供更多的金融服务及创新产品。虽然中小微企业相比大型企业具有更小的融资需求，但中小微企业数量众多，融资需求旺盛，具有较强的增长潜力，可带来新的盈利渠道。二是通过健全商业银行的内部管理相关机制，提高影子银行业务的透明度。商业银行可通过改善经营管理制度、优化岗位轮岗机制、规范内部管理流程、开发风险监测及控制系统等措施来降低业务操作风险；对借贷资金的期限、规模等进行合理匹配，保证资金运行中的流动性、稳定性和安全性，降低商业银行影子银行业务的流动性风险；利用金融科技预防影子银行业务风险，如融合区块链技术，增加影子银行业务的交易透明度、提高交易的安全性；采用人工智能技术有效提升内部控制制度的工作效率。

第三，因地制宜地开展城市商业银行影子银行业务，提高风险防控水平。充分结合当地特色发挥地域优势。城市商业银行应结合所处地区的经济发展程度，开展差异化的金融创新业务，影子银行业务也要结合地方特色，与当地经济发展水平相适应，为面临融资约束的企业拓宽融资渠道。在影子银行业务产品设计的过程中，要充分识别出该金融创新产品可能存在的风险，使风险在可控范围内，从源头上预防风险的发生。此外，也要合理布局营业网点，对网点所在地的不同客户需求提供差异化的银行业务，提高营业网点的服务质量和办事效率。

7.3.2 建立风险预警机制以提高风险防控能力

影子银行产生的动因之一就是监管套利,随着监管当局对影子银行业务监管的不断增强,使影子银行的监管套利空间被不断压缩,那种依靠监管套利发展的模式难以沿用至今。商业银行与风险之间的关系紧密,其对于如何防控风险十分熟悉,所以商业银行的表内影子银行业务应借助商业银行的这个特点,对风险进行有效的防控。基于此,影子银行不能为了躲避监管而发展,而是为了自身发展而发展,在掌握目前经济形势的前提下,设计出适合自身发展的创新型新模式,这才是商业银行未来从事影子银行业务的重要发展方向。从目前来看,影子银行业务今后的发展方向将是更具备规范性、复杂性的资产证券化业务等创新型业务。

此外,应建立商业银行风险预警机制,寻求资产业务的多元化。一是构建科学合理的风险监控框架,对影子银行潜在风险加以合理甄别,从严控制影子银行融资规模;要重点注意地方商业银行的非信贷资产,以防止此类资金被过度的用来发展影子银行业务,如表外理财、受托信贷、买入返售信托受益权等。二是实现对负债的多样化管理。应加强对地方商业银行内部管理人员的培训,充分运用国家对当地商业银行所提供的资金支持政策,缩短与其他地方各类商业银行之间的发展差距;加大债务融资力度,发挥债务风险较小且拥有稳健收益率的优点,在有效管理经营风险的同时增加债券业务的利润;优化农村理财服务,以满足城乡客户的多元化理财需要为目标,通过扩大农村理财种类,进一步扩大农村信贷资金来源;扩大同业融资服务规模,通过与保险公司、融资租赁等金融机构合作以获取新的收益增长点。三是强化农村商业银行的贷款安全管理体系,通过制定相应风险预警制度,进一步提升农村商业银行的整体稳健性。我国影子银行本质上还是以商业银行为中心,因此要密切关注影子银行业务对商业银行传统信贷业务的影响。一方面构建商业银行影子银行业务的授信评估系统,管控业务操作流程中的杠杆比率,有效调节资本池的期限错配比例,防止信用风险的内部累积;另一方面要形成健全的事后风险预警制度，如果出现信贷违规，力争把损失减至最少。

7.3.3 强化信息披露以增强报表准确度和透明度

银行通过会计操作将影子银行业务从表内腾挪到表外，监管部门无法摸清真正的存量风险情况。通过对数据的收集和整理，发现银行对影子银行业务的信息披露程度很低，业务操作也很隐蔽。银行财务报表中仅能反映部分影子银行业务数据，不能让银行和监管部门意识到真实的风险水平。因此，银行自身要逐步完善影子银行业务的信息披露机制，方便对风险的实时把控。同时借鉴发达国家的经验，构建影子银行风险预警机制，通过数据收集、分析，构建模型搭建预警系统，提高对风险的整体把控能力。

要继续加强对于影子银行的管控，特别是要对其处于监管之外的、不断扩张的业务规模进行约束，积极预防信用风险的冲击。这就要求加强商业银行对于表外业务的信息披露，特别是要严格限制"资金池—资金池"模式的发展，细化资金池中产品构成，分类度量产品风险并设定杠杆率警戒线，明确资金来源和去处，使影子银行向透明化发展。同时考虑前文理论分析，表外业务往往不能计提充足风险准备金，因此应考虑继续推进将表外影子银行业务纳入宏观审慎监管体系的进程。

为了强化影子银行体系的信息披露，应该建立统计监测制度，集时效性于其中。具体来看，在管理制度方面，每个金融主体机构应凭借规范化的信息披露流程与制度，促使影子银行的资产公开化、透明化；在信息披露平台方面，应基于金融体系的数据统计系统，逐步建立有关影子银行的信息披露平台，全方位覆盖所有金融机构的影子银行业务，并且加快该平台风险防范机制的建立，在信息披露的同时做到有效防控风险。

7.3.4 积极应用金融科技以有效管控影子银行业务规模

由第 6 章的研究结论可知，金融科技能有效抑制商业银行开展影子银行业务，从而降低银行违约风险。因此，商业银行应大力发展金融科技。

第一，利用金融科技，实现业务转型。金融科技能提高整个金融行业的经营效率，助推实体经济发展，因此，商业银行应积极应对这一挑战，结合金融科技进行相应的业务转型。积极促进信贷业务的转型与创新，依托市场和客户需求创新产品、建立综合性的网络信贷服务平台，运用云计算、大数据、人工智能、区块链、物联网等关键技术，实现网络化的运营管理。将实体银行网点与互联网虚拟网点优势相结合，逐步向"轻资产"方向转型，最终提升盈利能力。

第二，积极与互联网金融企业紧密合作，利用其业务规模优势强化银行互联网理财、互联网支付结算与销售等业务的创新和渠道建设，将业务拓展到电商领域，整合资源，提升协同作用，全力打造专业综合的金融产业生态圈，多元化开展业务，增强盈利来源多样性，减少利差的单方面影响，获得新的利润增长点。

第三，银行之间、银行与其他金融机构之间应借助金融科技加强合作，共同提升金融的服务广度与深度，提高对实体经济的支持率，使资金尽快回归到实体经济建设中。借助大数据和物联网，金融体系内部要加强合作，尤其是商业银行。商业银行对互联网金融科技企业，无论是关注、联系还是参与度一般都比较松散，当前仍主要停留在与传统经营比较的模式上，而对科技企业的关注和评测则以定性或输出成果为主。为改善这一状况，商业银行应与非银行类金融机构、金融科技企业等建立更加平视的关系，形成常态互动、信息交换机制，实现规模效应，提升金融服务实体经济的效率。

第四，大型国有商业银行要尤其高度重视和积极应用金融科技。大型国有商业银行对金融科技关注多、跟随多，但主动少、牵头少。大型国有商业银行具有庞大的客户群体及经营牌照等业务资质，可以借鉴欧美银行先进经验，通过与各大科技企业及高校合作，率先采用人工智能、大数据、区块链等高新科技在行业内形成领先优势，巩固市场份额。

第8章 研究结论与展望

金融稳定理事会（FSB）指明影子银行是金融创新与规避监管共同作用的产物，在不受传统银行业监管框架限制的同时，又具备传统银行所具有的信用转换、期限转换以及流动性转换等功能。由于国情差异，影子银行业务在不同国家的表现形式有所不同。就中国影子银行业务而言，其最大的特征就是以商业银行为核心，因此，本书选择从商业银行这一微观参与主体的视角来界定影子银行业务。结合对已有文献的总结和笔者的思考，本书认为商业银行的影子银行业务是商业银行以其他金融机构为通道，将信贷资产转移至表外或伪装为表内其他资产，为无法获得银行贷款的企业和机构提供的"类贷款"业务。究其本质而言，商业银行的影子银行业务是基于监管套利进行的资本运作，监管政策的变化必然带来其影子银行业务形式的变化。在现有监管政策下，商业银行影子银行业务主要表现为买入返售金融资产业务和应收款项类投资业务两项，因业务种类形式多样、隐蔽能力较强、受到监管针对性不强等特点，受到商业银行的广泛青睐。基于此，本书将上述两类业务的期末余额之和在银行总资产中的占比作为商业银行影子银行业务规模（shadow）的代理变量，由此展开了相关的实证研究。

近年来，中国传统银行信贷占社会融资规模的比重显著下降，诸多非银行信贷融资方式快速增长，构成了中国的影子银行体系，改变了中国原有的金融机构体系。影子银行体系作为金融体系的重要组成部分，在对实体经济增长提供支持的同时，由于其自身的高杠杆操作，给商业银行乃至整个金融体系埋下了风险隐患。中国影子银行体系是特定的经济金融环境和监管制度框架下的产物,其存在形式、运行机制以及影响效应呈现出与欧美国家不同的特点。首先,中国影子银行体系主要表现为"银行的影子",以商业银行为核心。这是由我国以银行为主导的间接融资体系所决定的。商业银行是影子银行业务资金的主要提供方,同时,影子银行业务又以银行的客户为客户,从这一层面来讲,中国的影子银行业务具有"银行中心化特征"。其次,以监管套利为主要目的,违法违规现象较为普遍。各类机构利用监管制度不完善和监管标准不统一游离于监管边缘,在所谓的"灰色地带"大肆从事监管套利活动。再次,收取通道费用的盈利模式较为普遍。我国影子银行产品大多是认购持有到期,流动性低,以量取胜,拼市场份额。赚取通道管理费是盈利的主要来源。最后,以类贷款为主,信用风险突出。发达经济体影子银行投资范围广泛,以标准化资产为主,信用违约风险较低。资金大多通过互相拆借、回购等市场手段获取,面临集中大额赎回的流动性风险。中国影子银行以商业银行为主导,其发展历程恰是银行不断规避监管政策追逐利润与政府调整监管政策之间持续博弈的动态过程。

我国商业银行发展影子银行业务的基本逻辑为:商业银行绕过传统存贷业务,利用资产负债表内外的其他项目进行业务创新,通过与非银行金融机构开展合作来达到信用扩张的目的。商业银行通过一系列金融创新手段开展影子银行业务,用更长的链条复制了传统银行的信用中介功能,对满足社会投融资需求、促进经济增长起到了积极作用。但同时其依赖短期批发融资、客户评级标准较低、游离于传统监管体系之外等特性,形成了影子银行业务固有的脆弱性。我国商业银行的影子银行活动是类信贷活动,银行同时从事传统银行活动和类信贷影子银行活动,其中传统银行活动则记载于资产负债表内的贷款及垫款科目,而类信贷影子银行活动则记载于表内投资或同业科目,其具有与表内传统信贷资产相似的信用风险触发机制。实证结果表明:①商业银行开展影子银行业务显著削弱了上市银行的风险承担水平,即显著加大了银行自身的违约风险。②与中小型银行相比,大型商业银行的影子银行业务对银行风险承担水平的削弱效应更强,致使银行的违约风险扩大。

③与宽松型货币政策不同，在紧缩型货币政策背景下，商业银行开展影子银行业务更能削弱银行的风险承担水平，加大银行自身的违约风险。进一步研究发现，商业银行从事的影子银行业务对其风险承担水平的削弱效应，主要通过杠杆率机制和净息差机制来实现。

我国商业银行开展的影子银行活动进一步提升了金融机构之间的关联性。这一方面有助于风险在不同机构之间的分散，另一方面增加了风险传染的渠道，并提高了风险传染的可能性。本书采用 CoVaR 方法测度了我国上市银行的系统性风险贡献。对于商业银行影子银行业务对系统性金融风险的影响，从理论模型推导和实证计量模型回归两个层面进行了研究，其结果均表明商业银行从事的影子银行业务易引发系统性金融风险，即商业银行开展的影子银行规模越大，其所引发的系统性金融风险将越大。实证计量模型经过回归检验，进一步发现，影子银行业务在金融体系内的风险扩散效应在大型商业银行群体内尤其显著。

通过前沿数字技术手段，金融科技能够获取更多有关借款人的信息，催生出新的金融服务模式，扩大了金融服务的覆盖范围。金融科技助力于实体经济是以金融业为桥梁实现的。中国金融科技的快速发展在相当程度上改造，甚至重塑着传统金融的业务模式与竞争格局，给传统金融市场、业务模式和产品流程带来了系统性影响，尤其会影响在我国金融体系中占据主导地位的商业银行。实证结果显示：①金融科技显著抑制了上市银行的影子银行业务规模。②与中小型银行相比，金融科技对大型商业银行的影子银行业务的抑制效应更强。进一步研究发现，金融科技对商业银行影子银行业务的抑制效应，主要是通过风险控制机制和信息甄别机制来实现。综上所述，金融科技的发展通过抑制商业银行的影子银行业务规模，有助于提升银行的风险承担水平，降低其违约风险，有助于化解系统性金融风险，助推金融行业的稳健运营，回归服务实体经济的本质。

针对商业银行影子银行业务的风险性，我们可以从不同主体层面采取相应对策。具体来说，从国家政府层面来看，一是要统一口径，规范影子银行业务发展；二是要加速利率市场化进程，合理引导影子银行业务发展；三是要完善影子银行法律体系，规范影子银行业务；四是要依托金融科技发展，使金融更好地服务于实体经济。从金融监管层面来看，商业银行影子银行业务是金融体系的一部分，必须调整金融监管模式，从分业监管向综合监管过渡；提高监管指标的灵活性，实行分阶段、分类监管；建立相互融通的监管体系，强化监管部门之间的协作；积极利用好金融科技，助推有效金融监管。从商业银行层面来看，则是要厘清影子银行业务边界，采取不同的影子银行业务管理模式，防止风险交叉感染；要提高银行自身的风险防控能力，开辟新的业务模式；要提高银行报表的准确度和透明度，使影子银行业务便于检测风险；要加强对金融科技先进技术的使用，有效抑制影子银行业务规模，进而增强银行的风险承担水平等。

  我国影子银行业务的机构、形式日益复杂，就商业银行自身来说，其影子银行业务的表内产品、表外产品均包括多种形式，且随着国家监管政策的变化而处在不断变化中。考虑到样本数据的可得性，本书的研究只考虑了买入返售金融资产和应收款项类投资两类业务，以部分影子银行业务来研究其风险性，存在一定的不足。为此，将商业银行的影子银行业务进行细化核算，并在此基础上对其风险性等进行相应的实证研究，将是下一步研究的方向。

参考文献

[1] 巴曙松. 应从金融结构演进角度客观评估影子银行[J]. 经济纵横, 2013 (4): 27-30.

[2] 白雪梅, 石大龙. 中国金融体系的系统性风险度量[J]. 国际金融研究, 2014 (6): 75-85.

[3] 陈和, 陈增欢. 商业银行监管套利、影子银行业务与资产结构变化[J]. 南方金融, 2020 (7): 23-33.

[4] 陈俭. 新中国金融体系演变的历程、经验与展望[J]. 社会科学动态, 2020 (11): 5-13.

[5] 陈守东, 王寅, 王婷. 系统性金融风险及其防范对策研究[J]. 社会科学战线, 2013 (12): 226-228.

[6] 程小可, 姜永盛, 郑立东. 影子银行、企业风险承担与企业价值[J]. 财贸研究, 2016, 27 (6): 143-152.

[7] 程小可, 姜永盛, 郑立东. 影子银行、企业风险承担与融资约束[J]. 经济管理, 2015, 37 (4): 106-115.

[8] 陈剑, 张晓龙. 影子银行对我国经济发展的影响——基于2000—2011年季度数据的实证分析[J]. 财经问题研究, 2012 (8): 66-72.

[9] 陈诗一, 汪莉, 杨立. 影子银行活动对银行效率的影响——来自中国商业银行的证据[J]. 武汉大学学报（哲学社会科学版）, 2018 (2): 103-118.

[10] 丁汝俊,张明军.正确认识后金融危机背景下我国影子银行的"正能量"[J].宁夏社会科学,2013(6):53-59.

[11] 方芳,林海涛.系统性金融风险再认识:演化、测量与检验[J].经济理论与经济管理,2017(11):45-57.

[12] 封思贤,居维维,吴越.我国影子银行的规模测算问题研究[J].西南金融,2014(9):10-13.

[13] 冯建秀,张国祚.时空双重维度的中国影子银行系统性风险模型建构与测算[J].新疆社会科学,2016(3):16-22+163.

[14] 高蓓,张明,邹晓梅.影子银行对中国商业银行经营稳定性的影响——以中国14家上市商业银行理财产品为例[J].经济管理,2016,38(6):138-153.

[15] 龚明华,张晓朴,文竹.影子银行的风险与监管[J].中国金融,2011(3):41-44.

[16] 顾海峰,杨立翔.互联网金融与银行风险承担:基于中国银行业的证据[J].世界经济,2018,41(10):75-100.

[17] 郭峰,孔涛,王靖一等.数字普惠金融指标体系与指数编制[R].北京大学数字金融研究中心工作论文,2016.

[18] 郭娜,马莹莹,张宁.我国影子银行对银行业系统性风险影响研究——基于内生化房地产商的DSGE模型分析[J].南方经济,2018(8):29-46.

[19] 郭品,沈悦.互联网金融加重了商业银行的风险承担吗?——来自中国银行业的经验证据[J].南开经济研究,2015,184(4):82-99.

[20] 郭品,沈悦.互联网金融、存款竞争与银行风险承担[J].金融研究,2019(8):58-76.

[21] 郭晔,赵静.存款竞争、影子银行与银行系统风险——基于中国上市银行微观数据的实证研究[J].金融研究,2017(6):81-94.

[22] 何德旭,郑联盛.影子银行体系与金融体系稳定性[J].经济管理,2009,31(11):20-25.

[23] 何春昔. 金融科技驱动下证券公司智能化服务与风险管理——评《金融科技：人工智能与机器学习卷》[J]. 科技进步与对策, 2020, 37 (21): 168.

[24] 侯成琪, 黄彤彤. 影子银行、监管套利和宏观审慎政策[J]. 经济研究, 2020, 634 (7): 60-77.

[25] 胡利琴, 常月, 陈锐等. 中国影子银行通道演变及风险形成机理研究——基于机构关联的视角[J]. 保险研究, 2017 (10): 29-41.

[26] 胡利琴, 陈锐, 班若愚. 货币政策、影子银行发展与风险承担渠道的非对称效应分析[J]. 金融研究, 2016, 428 (2): 154-162.

[27] 黄国平. 监管资本、经济资本及监管套利——妥协与对抗中演进的巴塞尔协议[J]. 经济学（季刊）, 2014, 13 (3): 863-886.

[28] 黄益平, 常健, 杨灵修. 中国的影子银行会成为另一个次债？[J]. 国际经济评论, 2012 (2): 42-51+5.

[29] 解凤敏, 李媛. 中国影子银行的货币供给补充与替代效应——来自货币乘数的证据[J]. 金融论坛, 2014 (8): 23-31.

[30] 金洪飞, 李弘基, 刘音露. 金融科技、银行风险与市场挤出效应[J]. 财经研究, 2020, 46 (5): 52-65.

[31] 金鹏辉, 张翔, 高峰. 银行过度风险承担及货币政策与逆周期资本调节的配合[J]. 经济研究, 2014, 49 (6): 73-85.

[32] 李波, 伍戈. 影子银行的信用创造功能及其对货币政策的挑战[J]. 金融研究, 2011 (12): 77-84.

[33] 李春涛, 闫续文, 宋敏等. 金融科技与企业创新——新三板上市公司的证据[J]. 中国工业经济, 2020, 382 (1): 81-98.

[34] 李建军, 薛莹. 中国影子银行部门系统性风险的形成、影响与应对[J]. 数量经济技术经济研究, 2014, 31 (8): 117-130.

[35] 李建强, 张淑翠, 袁佳等. 影子银行、刚性兑付与宏观审慎政策[J]. 财贸经济, 2019, 40 (1): 85-99.

[36] 李泉, 郭一凡, 孟方方. 影子银行会影响商业银行的稳定性吗？——

来自中国2005~2015年103家商业银行的证据［J］. 湖南财政经济学院学报，2017，33（6）：22-29.

［37］李蔚，苏振天. 我国影子银行体系及其监管研究［J］. 学术界，2012（4）：59-65+284.

［38］李文喆. 中国影子银行的经济学分析：定义、构成和规模测算［J］. 金融研究，2019（3）：53-73.

［39］李向前，孙彤. 影子银行对我国货币政策有效性的影响［J］. 财经问题研究，2016（1）：49-55.

［40］李向前，诸葛瑞英，黄盼盼. 影子银行系统对我国货币政策和金融稳定的影响［J］. 经济学动态，2013（5）：81-87.

［41］李心丹，傅浩. 国外金融体系风险理论综述［J］. 经济学动态，1998（1）：68-74.

［42］李扬. 影子银行体系发展与金融创新［J］. 中国金融，2011（12）：31-32.

［43］李政，梁琪，方意. 中国金融部门间系统性风险溢出的监测预警研究——基于下行和上行 ΔCOES 指标的实现与优化［J］. 金融研究，2019（2）：40-58.

［44］梁琪，李政，郝项超. 我国系统重要性金融机构的识别与监管——基于系统性风险指数SRISK方法的分析［J］. 金融研究，2013（9）：56-70.

［45］林晶，张昆. 影子银行体系的风险特征与监管体系催生［J］. 改革，2013（7）：51-57.

［46］林琳，曹勇，肖寒. 中国式影子银行下的金融系统脆弱性［J］. 经济学（季刊），2016，15（3）：1113-1136.

［47］刘红忠，茅灵杰，许友传. 地方政府融资平台融资结构演变的多重博弈［J］. 复旦学报（社会科学版），2019（4）：125-136.

［48］刘莉亚，余晶晶，杨金强等. 竞争之于银行信贷结构调整是双刃剑吗？——中国利率市场化进程的微观证据［J］. 经济研究，2017，52（5）：131-145.

[49] 刘荣，崔琳琳．金融稳定视角下国际影子银行监管改革框架研究[J]．财经问题研究，2013（S1）：31-35．

[50] 刘煜辉．中国式影子银行[J]．中国金融，2013（4）：57-59．

[51] 龙海明，唐怡，凤伟俊．我国信贷资金区域配置失衡研究[J]．金融研究，2011（9）：54-64．

[52] 鲁篱，潘静．中国影子银行的监管套利与法律规制研究[J]．社会科学，2014（2）：101-107．

[53] 陆晓明．中美影子银行系统比较分析和启示[J]．国际金融研究，2014（1）：55-63．

[54] 马德功，赵新，韩喜昆．商业银行参与影子银行业务与金融风险传染——基于影子银行体系资金供给方的视角[J]．重庆大学学报（社会科学版），2019，25（3）：72-83．

[55] 毛泽盛，万亚兰．中国影子银行与银行体系稳定性阈值效应研究[J]．国际金融研究，2012（11）：65-73．

[56] 庞晓波，钱锟．货币政策、流动性监管与银行风险承担[J]．金融论坛，2018，23（1）：27-38+80．

[57] 钱雪松，徐建利，杜立．中国委托贷款弥补了正规信贷不足吗？[J]．金融研究，2018（5）：82-100．

[58] 邱晗，黄益平，纪洋．金融科技对银行行为的影响——基于互联网理财的视角[J]．金融研究，2018，461（11）：17-29．

[59] 饶品贵，姜国华．货币政策对银行信贷与商业信用互动关系影响研究[J]．经济研究，2013，48（1）：68-82+150．

[60] 沈庆劼．商业银行监管资本套利的动因、模式与影响研究[J]．经济管理，2010，32（11）：1-6．

[61] 宋敏，周鹏，司海涛．金融科技与企业全要素生产率——"赋能"和信贷配给的视角[J]．中国工业经济，2021（4）：138-155．

[62] 宋永明．监管资本套利和国际金融危机——对2007~2009年国际金融危机成因的分析[J]．金融研究，2009（12）：81-90．

[63] 孙国峰, 贾君怡. 中国影子银行界定及其规模测算——基于信用货币创造的视角 [J]. 中国社会科学, 2015 (11): 92-110+207.

[64] 孙浦阳, 靳一, 张亮. 金融服务多样化是否能真正改善银行业绩?——基于 OECD 359 家银行的实证研究 [J]. 金融研究, 2011 (11): 112-124.

[65] 孙旭然, 王康仕, 王凤荣. 金融科技、竞争与银行信贷结构——基于中小企业融资视角 [J]. 山西财经大学学报, 2020, 42 (6): 59-72.

[66] 陶玲, 朱迎. 系统性金融风险的监测和度量——基于中国金融体系的研究 [J]. 金融研究, 2016 (6): 18-36.

[67] 涂晓枫, 李政. 银行的影子: 风险分担还是风险传染 [J]. 当代经济科学, 2016, 38 (2): 20-29+124.

[68] 万晓莉, 郑棣, 郑建华等. 中国影子银行监管套利演变路径及动因研究 [J]. 经济学家, 2016 (8): 38-45.

[69] 汪可. 金融科技、利率市场化与商业银行风险承担 [J]. 上海经济, 2018, 281 (2): 110-118.

[70] 汪莉, 陈诗一. 利率政策、影子银行与我国商业银行风险研究 [J]. 经济学 (季刊), 2019, 18 (1): 1-22.

[71] 王浡力, 李建军. 中国影子银行的规模、风险评估与监管对策 [J]. 中央财经大学学报, 2013 (5): 20-25.

[72] 王朝阳, 王文汇. 中国系统性金融风险表现与防范: 一个文献综述的视角 [J]. 金融评论, 2018 (5): 100-113+125-126.

[73] 王家华, 蔡则祥, 曹源芳. 影子银行风险的"蝴蝶效应"与审计治理机制——基于互联网金融业务的研究 [J]. 经济研究, 2017 (1): 67-72.

[74] 王晋斌, 李博. 中国货币政策对商业银行风险承担行为的影响研究 [J]. 世界经济, 2017, 40 (1): 25-43.

[75] 王妍, 王继红. 金融摩擦、货币政策传导与系统性金融风险——影子银行风险承担角度的研究 [J]. 金融经济学研究, 2019, 34 (4): 18-31.

[76] 王妍, 王继红, 刘立新. 货币政策、影子银行周期性与系统金融风

险［J］．上海经济研究，2019（9）：105-116．

［77］王永钦，刘紫寒，李嫦等．识别中国非金融企业的影子银行活动——来自合并资产负债表的证据［J］．管理世界，2015（12）：24-40．

［78］王增武．影子银行体系对我国货币供应量的影响——以银行理财产品市场为例［J］．中国金融，2010（23）：30-31．

［79］王振，曾辉．影子银行对货币政策影响的理论与实证分析［J］．国际金融研究，2014（12）：58-67．

［80］温信祥，苏乃芳．大资管、影子银行与货币政策传导［J］．金融研究，2018（10）：38-54．

［81］吴晓灵．推进金融标准建设　主动防范化解金融风险［N］．金融时报，2017-09-25（001）．

［82］吴晓灵．金融市场化改革中的商业银行资产负债管理［J］．金融研究，2013（12）：1-15．

［83］裘翔，周强龙．影子银行与货币政策传导［J］．经济研究，2014，49（5）：91-105．

［84］项后军，闫玉．理财产品发展、利率市场化与银行风险承担问题研究［J］．金融研究，2017（10）：99-114．

［85］肖璞，刘轶，杨苏梅．相互关联性、风险溢出与系统重要性银行识别［J］．金融研究，2012（12）：96-106．

［86］肖崎，阮健浓．银行同业业务发展现状及风险分析［J］．金融论坛，2014，19（2）：58-64．

［87］谢治春，赵兴庐，刘媛．金融科技发展与商业银行的数字化战略转型［J］．中国软科学，2018（8）：184-192．

［88］徐宝林，刘百花．监管资本套利动因及对银行的影响分析——兼论对我国银行业资本监管和管理的启示［J］．中国金融，2006（5）：43-44．

［89］徐明东，陈学彬．货币环境、资本充足率与商业银行风险承担［J］．金融研究，2012（7）：50-62+489．

［90］许涤龙，陈双莲．基于金融压力指数的系统性金融风险测度研究

[J］．经济学动态，2015（4）：69-78.

［91］许少强，颜永嘉．中国影子银行体系发展、利率传导与货币政策调控［J］．国际金融研究，2015，343（11）：58-68.

［92］许友传．中国式兜底预期与结构分化的债务估值体系［J］．财经研究，2018，442（9）：42-52.

［93］许友传．多层次银行体系的类信贷影子银行活动的表内溢出风险［J］．财贸经济，2019（12）：79-95.

［94］颜永嘉．影子银行体系的微观机理和宏观效应——一个文献综述［J］．国际金融研究，2014（7）：46-53.

［95］杨东．监管科技：金融科技的监管挑战与维度建构［J］．中国社会科学，2018，269（5）：70-92+206-207.

［96］杨继光，刘海龙．商业银行总体经济资本测度方法比较研究［J］．上海管理科学，2009，31（5）：24-27.

［97］杨天宇，钟宇平．中国银行业的集中度、竞争度与银行风险［J］．金融研究，2013（3）：122-134.

［98］杨小平．我国影子银行体系及影响［J］．中国金融，2012（16）：71-72.

［99］杨子晖，陈雨恬，陈里璇．极端金融风险的有效测度与非线性传染［J］．经济研究，2019（5）：63-80.

［100］易宪容，王国刚．美国次贷危机的流动性传导机制的金融分析［J］．金融研究，2010（5）：41-57.

［101］殷剑峰，王增武．影子银行与银行的影子——中国理财产品市场发展与评价（2010-2012）［M］．北京：社会科学文献出版社，2013.

［102］袁达松．对影子银行加强监管的国际金融法制改革［J］．法学研究，2012，34（2）：194-208.

［103］袁增霆．中外影子银行体系的本质与监管［J］．中国金融，2011（1）：81-82.

［104］张健华，王鹏．银行风险、贷款规模与法律保护水平［J］．经济

研究，2012，47（5）：18-30+70.

[105] 张磊. 基于风险调整的商业银行绩效评价研究［D］. 广州：暨南大学，2008.

[106] 张明. 中国影子银行：界定、成因、风险与对策［J］. 国际经济评论，2013（3）：82-92+6.

[107] 张全兴，吴铮. 影子银行的影响——以浙江省为例［J］. 中国金融，2013（4）：59-61.

[108] 张晓朴. 系统性金融风险研究：演进、成因与监管［J］. 国际金融研究，2010（7）：58-67.

[109] 张玉喜. 商业银行资产证券化中的监管资本套利研究［J］. 当代财经，2008（4）：58-62.

[110] 张宗益，吴恒宇，吴俊. 商业银行价格竞争与风险行为关系——基于贷款利率市场化的经验研究［J］. 金融研究，2012（7）：1-14.

[111] 赵尚梅，刘娜，贺江等. 存款保险限额研究——银行风险承担视角［J］. 管理评论，2017，29（10）：9-20.

[112] 赵蔚. "影子银行"对商业银行信贷配给的影响研究［J］. 经济问题，2013（5）：45-48.

[113] 郑联盛. 中国互联网金融：模式、影响、本质与风险［J］. 国际经济评论，2014（5）：103-118+6.

[114] 中国人民银行金融稳定分析小组. 中国金融稳定报告（2013）［M］. 北京：中国金融出版社，2013a.

[115] 周莉萍. 影子银行体系的信用创造：机制、效应和应对思路［J］. 金融评论，2011（4）：37-53.

[116] 周莉萍. 论影子银行体系国际监管的进展、不足、出路［J］. 国际金融研究，2012a（1）：44-53.

[117] 周莉萍. 为什么要复制银行：自由银行业思想的回归？［J］. 金融评论，2012b（3）：41-54.

[118] 周莉萍. 影子银行体系的顺周期性：事实、原理及应对策略

［J］．财贸经济，2013a（3）：71-78.

［119］周莉萍．影子银行体系：自由银行业的回归？［M］．北京：社会科学文献出版社，2013b.

［120］周上尧，王胜．中国影子银行的成因、结构及系统性风险［J］．经济研究，2021（7）：78-95.

［121］周再清，甘易，胡月．商业银行同业资产特性与风险承担行为——基于中国银行业动态面板系统 GMM 的实证分析［J］．国际金融研究，2017（7）：66-75.

［122］祝继高，胡诗阳，陆正飞．商业银行从事影子银行业务的影响因素与经济后果——基于影子银行体系资金融出方的实证研究［J］．金融研究，2016（1）：66-82.

［123］庄子罐，舒鹏，傅志明．影子银行与中国经济波动——基于 DSGE 模型的比较分析［J］．经济评论，2018（5）：3-16+59.

［124］Acharya V V, Khandwala H, T Sabri. The Growth of a Shadow Banking System in Emerging Markets: Evidence from India［J］. Journal of International Money & Finance, 2013, 39（2）：207-230.

［125］Acharya V V, Qian J, Su Y, et al. In the Shadow of Banks: Wealth Management Products and Issuing Banks' Risk in China［R］. NYU Stern School of Business, 2021.

［126］Adrian T, Brunnermeier M K. CoVaR?［J］. American Economic Review, 2016, 106（7）：1705-1741.

［127］Adrian T, Ashcraft A B. Shadow Banking: A Review of the Literature［J］. Banking Crises, 2016（2）：282-315.

［128］Adrian T, Shin H S. The Shadow Banking System: Implications for Financial Regulation［J］. FRB of New York Staff Report, 2009（382）：183-195.

［129］Agostino M, Mazzuca M. Why Do Banks Securitize? Evidence from Italy［J］. Bancaria, 2009（9）：18-38.

［130］Ahn J H, Breton R. Securitization, Competition and Monitoring［J］.

Journal of Banking & Finance, 2014, 40 (3): 195-210.

[131] Allen F, Gale D M. Financial Contagion [J]. Journal of Political Economy, 2000, 108 (1): 1-33.

[132] Allen F, Qian Y, Tu G, et al. Entrusted Loans: A Close Look at China's Shadow Banking System [J]. Journal of Financial Economics, 2019, 133 (1): 18-41.

[133] Altunbas, Yener, Michiel Van Leuvensteijn, et al. Competition and Bank Risk: The Effect of Securitization and Bank Capital [R]. 2014.

[134] Ambrose B W, Lacour-Little M, Sanders A B. Does Regulatory Capital Arbitrage, Reputation, or Asymmetric Information Drive Securitization? [J]. Journal of Financial Services Research, 2005, 28 (1-3): 113-133.

[135] An P, Yu M. Neglected Part of Shadow Banking in China [J]. International Review of Economics & Finance, 2018, 57 (9): 211-236.

[136] Anginer D, Demirguc-Kunt A, Zhu M. How Does Competition Affect Bank Systemic Risk? [J]. Journal of Financial Intermediation, 2014, 23 (1): 1-26.

[137] Arner D W, Buckley R P, Zetzsche D A, et al. Sustainability, FinTech and Financial Inclusion [J]. European Business Organization Law Review, 2020, 21 (1): 7-35.

[138] Baily M N, Elmendorf D W, Litan R E. The Great Credit Squeeze: How It Happened, How to Prevent Another [R]. The Brookings Institution Discussion Paper, 2008.

[139] Beltratti A, Stultz R M. The Credit Crisis around the Globe: Why Did Some Banks Perform Better? [J]. Journal of Financial Economis, 2012, 105 (1): 1-17.

[140] Bengtsson E. Shadow Banking and Financial Stability: European Money Market Funds in the Global Financial Crisis [J]. Social Science Electronic Publishing, 2013, 32 (1): 579-594.

[141] Bolton P, Freixas X. A Dilution Cost Approach to Financial Intermediation and Securities markets [R]. Financial Markets Group, 1998.

[142] Boyd J H, De Nicolo G. The Theory of Bank Risk Taking and Competition Revisited [J]. The Journal of Finance, 2005, 60 (3): 1329-1343.

[143] Buchak G, Matvos G, Piskorski T, et al. Fintech, Regulatory Arbitrage, and the Rise of Shadow Banks [J]. Journal of Financial Economics, 2018, 130 (3): 453-483.

[144] C Calmés, R Théoret. The Impact of Off-balance-sheet Activities on Banks Returns: An Application of the ARCH-M to Canadian Data [J]. Journal of Banking & Finance, 2010, 34 (7): 1719-1728.

[145] Cetorelli N, Peristiani S. The Role of Banks in Asset Securitization [J]. Federal Reserve Bank of New York Conomic Policy Review, 2012, 18 (2): 47-64.

[146] Chan E, Chui M K F, Packer F, et al. Local Currency Bond Markets and the Asian Bond Fund 2 initiative [J]. BIS Paper, 2012 (63): 35-61.

[147] Chen K, Ren J, Zha T. What We Learn from China's Rising Shadow Banking: Exploring the Nexus of Monetary Tightening and Banks' Role in Entrusted Lending [J]. National Bureau of Economic Research, 2016.

[148] Chen K, Ren J, Zha T. The Nexus of Monetary Policy and Shadow Banking in China [J]. American Economic Review, 2018, 108 (12): 3891-3936.

[149] Chen Z, He Z, Liu C. The Financing of Local Government in China: Stimulus Loan Wanes and Shadow Banking Waxes [J]. Journal of Financial Economics, 2020, 137 (1): 42-71.

[150] Claessens S, Pozsar Z, Ratnovski L, et al. Shadow Banking: Economics and Policy [R]. IMF Staff Iscussion Note, 2012.

[151] Dang T V, Wang H, Yao A. Chinese Shadow Banking: Bank-centric Misperceptions [R]. Hong Kong Institute for Monetary Research Working Paper, 2014.

[152] De Fiore F, Uhlig H. Corporate Debt Structure and the Financial Crisis [J]. Journal of Money, Credit and Banking, 2012, 47 (8): 1571-1598.

[153] De Rezende, FC. The Structure and the Evolution of the US Financial System, 1945-1986 [J]. International Journal of Political Economy, 2011, 40 (2): 21-44.

[154] Diallo B, Al-Mansour A. Shadow Banking, Insurance and Financial Sector Stability [J]. Research in International Business and Finance, 2017, 42 (3): 224-232.

[155] Ehlers T, Kong S, Zhu F. Mapping Shadow Banking in China: Structure and Dynamics [R]. BIS Working Papers, 2018.

[156] Elliott D J, Qiao Y. Reforming Shadow Banking in China [R]. The Brookings Institution, 2015.

[157] Epstein G A. Financialization and The World Economy. Northampton [M]. MA: Edward Elgar, 2005.

[158] Fama M, Pender M J. Analysis of the Hollow Inclusion Technique for Measuring In Situ Rock Stress [J]. International Journal of Rock Mechanics & Mining Sciences & Geomechanics Abstracts, 1980, 17 (3): 137-146.

[159] Ferrante F. Risky Lending, Bank Leverage and Unconventional Monetary Policy [J]. Journal of Monetary Economics, 2018, 101 (8): 100-127.

[160] Financial Crisis Inquiry Commission (FCIC). Shadow Banking and the Financial Crisis [R]. Perliminary Staff Report, 2010.

[161] Financial Stability Board (FSB). Shadow Banking: Scoping the Issues, A Background Note of the Financial Stability Board [R]. 2011.

[162] Financial Stability Board (FSB). Global Shadow Banking Monitoring Report [R]. 2013.

[163] Fleischer V. Regulatory Arbitrage [J]. Social Science Electronic Publishing, 2010, 89 (2): 227-289.

[164] Fuster, Andreas, Plosser, et al. The Role of Technology in Mortgage

Lending [J]. The Review of Financial Studies, 2019, 32 (5): 1854-1899.

[165] Gennaioli N, Shleifer A, Vishny R. A model of Shadow Banking [J]. The Journal of Finance, 2013, 68 (4): 1331-1363.

[166] Górnicka, Lucyna A. Banks and Shadow Banks: Competitors or Complements? [J]. Journal of Financial Intermediation, 2016, 27 (7): 118-131.

[167] Gorton G, Metrick A, Shleifer A, et al. Regulating the Shadow Banking System with Comments and Discussion [J]. Brookings Papers on Economic Activity, 2010.

[168] Gorton G, Metrick A. Securitized Banking and the Run on Repo [J]. Journal of Financial Economics, 2012, 104 (3): 425-451.

[169] Gurley J G. The Radcliffe Report and Evidence [J]. American Economic Review, 1960, 50 (4): 672-700.

[170] Hakenes H, Schnabel I. Credit Risk Transfer and Bank Competition [J]. Journal of Financial Intermediation, 2010, 19 (3): 308-332.

[171] Hale G, Long C. What Are the Sources of Financing of the Chinese Firms [R]. Hong Kong Institute for Monetary Research Working Paper, 2010.

[172] Hart O, L Zingales. How to Avoid a New Financial Crisis [R]. Working Paper, 2009.

[173] Houston J F, Chen L, Ping L, et al. Creditor Rights, Information Sharing, and Bank Risk Taking [J]. Journal of Financial Economics, 2010, 96 (3): 485-512.

[174] Illing M, Y Liu. An Index of Financial Stress for Canada [R]. Bank of Canada Working Paper, 2003.

[175] IMF. Risk Taking, Liquidity, and Shadow Banking: Curbing Excess While Promoting Growth [J]. Global Financial Stability Report, 2014 (10): 65-73.

[176] Irani R M, Iyer R, Meisenzahl R R, et al. The Rise of Shadow Banking: Evidence from Capital Regulation [J]. The Review of Financial Studies,

2021, 34 (5): 2181-2235.

[177] Keeley M C. Deposit Insurance, Risk, and Market Power in Banking [J]. American Economic Review, 1990, 80 (5): 1183-1200.

[178] Lepetit L, Strobel F. Bank Insolvency Risk and Z-score Measures: A Refinement [J]. Finance Research Letters, 2015 (13): 214-224.

[179] Li J, S Hsu, Y Qin. Shadow Banking in China: Institutional Risks [J]. China Economic Review, 2014, 334 (8): 119-129.

[180] Livshits I, Macgee J, Tertilt M. The Democratization of Credit and the Rise in Consumer Bankruptcies [J]. Review of Economic Studies, 2014, 83 (4): 1673-1710.

[181] Lu Y, Guo H, Kao E H, et al. Shadow Banking and Firm Financing in China [J]. International Review of Economics & Finance, 2015, 36 (3): 40-53.

[182] Maddaloni A, Peydro J L. Bank Risk-taking, Securitization, Supervision, and Low Interest Rates: Evidence from the Euro-area and the U. S. Lending Standards [J]. Review of Financial Studies, 2011, 24 (6): 2121-2165.

[183] Marcus A J. Deregulation and Bank Financial Policy [J]. Journal of Banking and Finance, 1984, 8 (4): 557-565.

[184] Markus K, Brunnermeier, et al. A Note on Liquidity Risk Management [J]. American Economic Review, 2009, 99 (2): 578-583.

[185] Martinez-Miera D, Repullo R. Does Competition Reduce the Risk of Bank Failure? [J]. Review of Financial Studies, 2010, 23 (10): 3638-3664.

[186] MD Delis, Kouretas G P. Interest Rates and Bank Risk-taking [J]. Journal of Banking & Finance, 2011, 35 (4): 840-855.

[187] Nicolo G D. The Theory of Bank Risk-Taking and Competition Revisited [J]. The Journal of Finance, 2005, 60 (3): 1329-1343.

[188] Nijskens R, Wagner W. Credit Risk Transfer Activities and Systemic Risk: How Banks Became Less Risky Individually but Posed Greater Risks to the Fi-

nancial System at the Same Time [J]. Social Science Electronic Publishing, 2011, 35 (6): 1391-1398.

[189] Plantin G. Shadow Banking and Bank Capital Regulation [J]. Review of Financial Studies, 2015, 28 (1): 146-175.

[190] Pozsar Z. Institutional Cash Pools and the Triffin Dilemma of the US Banking System [R]. IMF Working Paper, 2011.

[191] Pozsar Z, Adrian T, Ashcraft A, et al. Shadow Banking [J]. New York, 2010, 458 (458): 3-9.

[192] Pozsar Z, Singh M. The Non-Bank-Bank Nexus and the Shadow Banking System [R]. IMF Working Paper, 2011.

[193] Rao P, Yue H, Zhu J. An Investigation of Credit Borrower Concentration [J]. Journal of Banking & Finance, 2015, 54 (5): 208-221.

[194] Reinhart C M, Rogoff K. This Time Is Different: A Panoramic View of Eight Centuries of Financial Crises [R]. National Bureau of Economic Research, 2008.

[195] Ricks M. Reforming the Short-Term Funding Markets [R]. Harvard University John M. Olin Center for Law, Economics and Business Discussion Paper, 2012.

[196] Roy A D. Safety First and the Holding of Assets [J]. Econometrica, 1952, 20 (3): 431-449.

[197] Rydstrom R I. Coping with the National Mortgage Meltdown and the Collapse of the Shadow Banking System [J]. USA Today New York, 2007, 136 (2750): 16.

[198] Scholes M, Benston G J, Smith C W. A Transactions Cost Approach to the Theory of Financial Intermediation [J]. Journal of Finance, 1976, 31 (2): 215-231.

[199] Schwarcz S. Regulating Shadow Banking [R]. Boston University Review of Banking and Financial Law, 2012.

[200] Sheng A, Soon N C. Bringing Shadow Banking into the Light: Opportunity for Financial Reform in China [R]. Fung Global Institute Asian Perspectives Global Issues, 2015.

[201] Song Z, Hachem K. The Rise of China's Shadow Banking System [C]. 2015 Meeting Papers, Society for Economic Dynamics, Working Paper, 2015.

[202] Song Z, Storesletten K, Zilibotti F. Growing like China [J]. The American Economic Review, 2011, 101 (1): 196-233.

[203] Stein J C. Monetary Policy as Financial Stability Regulation [J]. The Quarterly Journal of Economics, 2012, 127 (1): 57-95.

[204] Sunderam A. Money Creation and the Shadow Banking System [R]. Harvard Business School Working Paper, 2012.

[205] Sutherland A. Does Credit Reporting Lead to A Decline in Relationship Lending? Evidence from Information Sharing Technology [J]. Journal of Accounting & Economics, 2018, 66 (1): 123-141.

[206] Torre A, Peria M, Schmukler S L. Bank Involvement with SMEs: Beyond Relationship Lending [J]. Policy Research Working Paper Series, 2008, 34 (9): 2280-2293.

[207] Tsai K S. When Shadow Banking Can Be Productive: Financing Small and Medium Enterprises in China [J]. The Journal of Development Studies, 2017, 53 (12): 2005-2028.

[208] Tucker P. Shadow Banking, Financing Markets and Financial Stability [C]. Remarks at a Bernie Gerald Cantor (BGC) Partners Seminar, London, 2010-01-21.

[209] Zhu X. The Varying Shadow of China's Banking System [J]. Journal of Comparative Economics, 2021, 49 (1): 135-146.

后 记

本书是我四年博士生学习和生活的一个浓缩，这其中蕴含了我从一名高校教师转变成一名学生的过程。此时此刻，心中感慨万千。在四年的博士生涯中，受益匪浅，感觉到自己的成长，因此，需要感谢的人太多太多！

在读博的四年里，首先，最想感谢的是我的恩师——桂荷发老师。他一直在我身边指导我、教育我、鞭策我、鼓励我！由于拖家带口，加上自己的拖延症，总是没法按时完成老师交代的任务，但老师一次又一次地宽容我。桂老师在学术上的严谨、认真让我无比佩服。桂老师不仅在学术方面给予我无尽的指导，而且在为人处世、人生哲学、养育小孩等方面给予了很多让我醍醐灌顶的启迪。师者，传道授业解惑也。无法忘怀老师在一次次论文撰写中不厌其烦地给我讲解论文思路框架和写作技巧，无法忘怀老师总是抽空跟我探讨论文写作中的某些观点，更难以忘怀他像个长辈一样对我的每次教诲。愿老师在未来的日子里身体健康，万事如意！

在江西财经大学读博的四年里，非常感谢我们的班主任施晓蓉老师，感谢她给我们提供了周到又贴心的服务；非常感谢金融学院的胡援成老师，每次的学术咨询，胡老师总是第一时间回复；非常感谢金融学院的严武老师，每次交流，都能有新的收获；非常感谢金融学院的黄飞鸣老师，每次碰到黄老师，他都是笑容满面地鼓励我；非常感谢金融学院的凌爱凡老师，从博一开始，就带我们进入了学术殿堂；非常感谢金融学院的蒋崇辉老师，每一次的亲切鼓励都让人倍感温暖；非常感谢金融学院的彭玉镏老师，预答辩中给了我很多指导；非常感谢金融学院的肖俊老师、刘兴华老师等诸位老师，给予了很多学术启发。

在读博的四年里，我要感谢我的同门师弟师妹，尤其是王晓艳师妹和刘子茗师弟，给予了我很多实证研究的指导和帮助；感谢胡海英、宋燕、何欣、徐焱、段心怡、廖芳萍、罗玛、邓如莎等师妹，感谢刘筱锋、单佳宜、邱佳明、桂贤淳、黄勇、李刚等师弟，你们给了我家人般的温暖！

感谢我的同窗好友欧阳海琴、张林云、万良伟、陈哲睿、潘启娣和袁白华，是你们陪我一起度过这段难忘的时光。愿我们的友谊天长地久！

最后，我要感谢我的家人，如果不是他们的无私奉献，我可能无法完成我的学业。

本书得到南昌工程学院高层次人才引进的科研启动经费、纵向课题2022年度南昌工程学院水经济与水权研究中心校级平台项目（项目编号：22ZXZD01）、江西省自然科学基金青年项目（项目编号：20171BAA218015）、江西省社会科学研究规划重点招标项目（项目编号：18ZD05）、江西省社会科学研究规划"十三五"重点项目（项目编号：18WT17）等的资助，在此一并感谢！

张春莲

2023年4月4日